GÜTERSLOHER
VERLAGSHAUS

·

Entdecken Sie mehr auf
www.gtvh.de

Hans Conrad Zander

ZanderFilets

Eine Kulturgeschichte

des Christentums

in 25 Kabinettstücken

Gütersloher Verlagshaus

Bibliografische Information der Deutschen Nationalbibliothek
Die Deutsche Nationalbibliothek verzeichnet diese Publikation
in der Deutschen Nationalbibliografie; detaillierte bibliografische
Daten sind im Internet über https://portal.dnb.de abrufbar.

Verlagsgruppe Random House FSC® N001967.
Das für dieses Buch verwendete FSC®-zertifizierte Papier
Munken Premium Cream liefert Arctic Paper Munkedals AB, Schweden.

Dieses Werk wurde in schweizerischer Rechtschreibung verfasst.

1. Auflage
Copyright © 2015 by Gütersloher Verlagshaus, Gütersloh,
in der Verlagsgruppe Random House GmbH, München

Umschlagmotiv: © akg-images
Druck und Einband: CPI – Ebner & Spiegel, Ulm
Printed in Germany
ISBN 978-3-579-07037-7

www.gtvh.de

Inhalt

Das war die religiöse Bildung
Eine Einleitung

Viele lieben Papst Franziskus. Zu viele lieben Papst Franziskus. Ich liebe Papst Franziskus nicht. Doch eines nötigt mir Respekt ab: Für moderne katholische Verhältnisse hat der Argentinier ungewöhnlich viel Charakter. Diese combinazione von jesuitischer Schläue mit pinocchiohaftem Komödiantentum macht ihm keiner nach.

Dass alle Medien dieser Welt ihn so sehr lieben, ist allerdings nicht sein eigenes Verdienst. Das liegt am Niedergang der religiösen Bildung. Wo ist dieser Niedergang schlimmer? Bei den Katholiken oder bei den Antiklerikalen? Wohl doch bei den Katholiken. Sie wenigstens müssten doch Pascal gelesen haben. Den grossen Mathematiker und katholischen Satiriker. In seinen »Provinciales« hat er, lange vor unserer Zeit, jene liebevolle, barmherzige Anbiederung an die vielen gegeisselt, mit der die Jesuiten seines Jahrhunderts alle ihre Gegner, die Freigeister ebenso wie die Katholiken, ähnlich übertölpelt haben wie jetzt Papst Franziskus die mit ihm in der Welt umherfliegenden Journalisten.

So hoch hinauf, bis hinauf zu Blaise Pascal, bis nach den klassischen Sternen katholischer Intellektualität, will dieses Buch aber gar nicht greifen. Wir sind ja, nach der jüdischen Einsicht von Karl Kraus, »Insassen einer Zeit, welche die Fähigkeit verloren hat, Nachwelt zu sein« (18. Stück). Diese Fähigkeit, Nachwelt zu sein, heisst auch Bildung.

Religiöse Bildung. Ihren Verlust halte ich für schlimmer als das vielbeklagte Schwinden von Dogma und Moral. Ist doch gute Religion so etwas wie das Gedächtnis der Menschheit.

Dieses Gedächtnis nur ein bisschen wiederherzustellen, in kleinen, elementaren, homöopathisch verabreichten, leicht verdaulichen Dosen, hier genannt Stücken, das ist die bescheidene Absicht dieses Buches. Mehr Ehrgeiz wäre im 21. Jahrhundert Vermessenheit.

Aber was rede ich so katholisch daher? Eigentliche Hüterin der religiösen Bildung war, zumindest in Deutschland, die evangelische Geistlichkeit. Was ist davon geblieben? »Alle Jahre wieder kommt ein Luther-Jahr«. So singen in deutschen Kindergärten gewiss schon die Kleinsten. Jedenfalls stelle ich als Schweizer mir das so vor. Zur Diversifizierung des spätevangelischen Monokults um den Titanen aus Wittenberg liefert dieses Buch, in ökumenischer Geschwisterlichkeit, gleich vier Steilvorlagen.

Allen voran Ulrich Zwingli. Luther hat das Gespräch mit ihm in Marburg abgebrochen mit dem Verdammungswort: »Ihr Schweizer habt einen anderen Geist.« In jener Zeit hiess das: »Euer Geist ist vom Teufel.« Wenn aber Zwinglis Geist vom Teufel war, dann ist der Teufel vielleicht doch die Verkörperung des gesunden religiösen Menschenverstands (5. Stück). Luthers Versuch, das katholische Dogma von der realen Gegenwart Christi im Altarsakrament evangelisch korrekt umzuformatieren, hat Zwingli nichts anderes entgegengesetzt als den einen elementaren, zu Unrecht vergessenen Satz:»Was nicht nach Fleisch schmeckt, ist kein Fleisch.«

Nicht nur der Teufel allein, die ganze Hölle wäre in Marburg losgewesen, wenn Luther es nicht mit dem Zürcher, sondern mit dem Genfer zu tun bekommen hätte. Jean Calvin!

Von ihm stammt die Aussage, dass Gott »de façon inexplicable« den einen Menschen Gutes tut, den andern Böses (23. Stück). Das ist kein Satz, mit dem man so weltbeliebt werden kann wie Papst Franziskus mit seiner »misericordia« für alle. Aber es ist ein Satz, der die reale Lebens- und Gotteserfahrung der meisten von uns – Christen und Nichtchristen – in ihrer realen Unerklärbarkeit ehrlich ausspricht.

Jetzt noch, Margot Kässmann zur Auflockerung des Monokults um Luther besonders lebhaft empfohlen, Calvins Freund John Knox, der Reformator Schottlands und Gender-Theologe vor der Zeit. Ein unsympathischer Charakter, gewiss. Aber braucht denn ein Charakter sympathisch zu sein? In seiner schottischen Eigenwilligkeit hatte John Knox Charakter genug, nicht den Streit zu scheuen mit der gefährlichsten Zensurbehörde der Welt: mit dem gesamten weiblichen Geschlecht (20. Stück).

Oder, falls ein Lutheraner besser ins Lutherjahr passt als ein Kalvinist, sei's der Lutheraner Sören Kierkegaard (3. Stück). Wie ein winziges Torpedo sich in einen gewaltigen Schlachtkreuzer bohrt, so hat dieser dänische Theologe, in seiner evangelischen Charakterstärke, jenes Staatskirchentum angegriffen, das heute noch in unserer Kirchensteuerkirche fortlebt. Von ihm stammt die Definition, Christentum sei das Gegenteil von Spiessertum, Inbegriff des Spiessers aber sei der verheiratete evangelische Pfarrer.

Zwingli, Calvin, John Knox und Sören Kierkegaard: vier evangelische Charaktere, beinahe so archetypisch verschieden wie die vier Evangelisten. Mit ihnen könnte in die seichte Konformität der evangelischen Kirchentage schon fast soviel charakterliche Stärke und Vielfalt einziehen wie in den katholischen Heiligenhimmel.

Das ist es ja, Max Weber zufolge, was Kirche von Sekte unterscheidet. In einer Sekte ziehen nicht nur alle am gleichen Strang, sie sind auch alle gleich. In einer Kirche herrscht – herrschte jedenfalls in klassischen Zeiten – eine Vielfalt widersprüchlicher Charaktere.

Das heisst nicht, dass in einer Kirche der Kampf aller gegen alle losgehen muss wie einst im Grossen Armutsstreit zwischen linken und rechten Franziskanern (22. Stück). Oder dass die Auseinandersetzung zwischen zwei inkongruenten Charakteren der Kirche so zum Verhängnis werden muss wie der Streit zwischen Papst Leo X, einem italienischen Genussmenschen, und Martin Luther, einem deutschen Wahrheitsapostel (5. Stück). Zwei so grundverschiedene Charaktere wie der heilige Thomas Morus und der Spötter Erasmus waren einander in tiefer Freundschaft verbunden (7. Stück). Mit dem »Lob der Torheit« haben sie zusammen ein Werk der christlichen Satire geschaffen, das sogar Pascals »Provinciales« an intellektueller Schärfe übertrifft. Dass gar der heilige Filippo Neri und der heilige Ignatius von Loyola einander gemocht hätten, behaupte ich nicht (25. Stück). Aber dass diese beiden widersprüchlichen religiösen Charaktere, nur ein paar Häuser voneinander entfernt, mitten in Rom und zu Füssen des Heiligen Vaters, nicht übereinander hergefallen sind, sondern einander in christlichem Frieden liessen, ist ein Modell für die Bischofsynoden unserer Zeit.

Simone de Beauvoir hat gesagt, dass es für die Frauen der Moderne in der Vergangenheit als Vorbild nur die reichen Frauen gebe. Sie allein konnten sich die Selbständigkeit leisten. Masslos reich war zweifellos die heilige Paula von Rom (3. Stück). Und sie war die letzte Nachfahrin zweier grosser republikanischer Geschlechter, der Scipionen und der Gracchen. Mit ihrem scipionischen Charakter und mit ihrem Geld hat diese Frau die Arroganz der Machos in der katholischen Kirche besiegt. So hat sie den priesterlichen Zölibat durchgesetzt all jenen katholischen Papis zum Trotz, die, nach jüdischem Vorbild, gern verheiratete Priester geworden wären und das steuerfreie Priestertum im Reich Konstantins auch gleich, nach jüdischer Tradition, an ihre hoffnungsvollen Söhne vererben wollten.

Von ganz anderem Schlag als Paula in Rom war drüben in Konstantinopel Kaiserinmutter Helena (14. Stück). Jacob Burckhardt nennt sie »die verruchte Schankwirtin«. Aber auch verruchte Frauen, gerade sie, haben etwas Anziehendes. Und sie können stark sein. Sehr stark. Das römische Reich unter das Zeichen des Kreuzes zu stellen, diese Idee hat nicht ihr Sohn Konstantin gehabt, sondern sie, seine Mutter. Helena und ihr Reliquienschiff! Wie gern wäre ich mit dieser verruchtesten aller Heiligen von Konstantinopel nach Jerusalem gesegelt.

Aber lieber noch hätte ich die heilige Katharina auf ihrem abenteuerlichen Ritt von Siena nach Avignon begleitet (21. Stück). Anders als die vielgefeierte Theresia von Avila war Katharina keine Simone de Beauvoir vor der Zeit. Nicht lesen und nicht schreiben konnte Katharina, von Selbstverwirklichung der Frau hat sie so wenig etwas gewusst wie von Quotenförderung oder von Gender-Theologie. Dafür hatte dieses italienische Arbeitermädchen Charakter, und zwar einen so starken, dass sie Papst Gregor XI von Avignon nach Rom zurückgeführt hat wie einen Ochsen am Nasenring.

Bei der Gelegenheit gleich noch ein Beitrag zur Gender-Theologie. Dass es so etwas gibt, verwundert nur die religiös Ungebildeten in den theologischen Fakultäten. Sonst wüssten

sie, dass der Gender-Wurm seit den allerersten antiken Anfängen, ja seit babylonischen Urzeiten mitten in der christlichen Dogmatik steckt (24. Stück).

Schöne Zeit der religiösen Bildung, kehre wieder! Sie klärt
ja nicht nur den Kopf auf, sondern stimmt zugleich das Gemüt gelassen. Nur religiöse Bildung könnte sie kurieren, die
grossen Hysterien unserer Zeit. Denkt nur an den »Islamischen Staat«.

»Islam« heisst eigentlich »Frieden«. Das wissen alle. Gross
aber ist die Aufregung ob der Frage, wie und warum aus dieser Religion des Friedens eine so blutrünstige Bewegung wie
der »Islamische Staat« hervorgehen konnte. Plasberg, Will,
Jauch, Beckmann, Maischberger, Illner: Hätte nur einer
von ihnen etwas religiöse Bildung, so würde bald allen in
Deutschland klar, dass es genau dies schon einmal gegeben
hat. Nicht im Islam, sondern bei uns im Christentum. Der
blutigste aller Kreuzzüge ist unmittelbar hervorgegangen aus
einer Friedensbewegung (19. Stück).

Noch habe ich »Spon« nicht gewürdigt: Dass ausgerechnet
junge, fortschrittliche Intellektuelle bei uns zum medialen
Klerus einer intoleranten und bornierten political correctness
geworden sind, auch dies erstaunt nur, weil die religiöse Bildung verloren gegangen ist. Sonst wüssten wir, dass schon im
13. Jahrhundert die Heilige Inquisition nicht etwa von bösen
alten reaktionären Männern gegründet worden ist, sondern
von den fortschrittlichsten, liberalsten jungen Intellektuellen
jener Zeit (13. Stück).

Und der mediale Hype um Papst Franziskus? Was ist das
Erstaunliche daran? Nur eines: Mangels religiöser Bildung
scheinen die meisten nicht mehr zu wissen, dass es derartige
»kollektive Hysterien« (Sigmund Freud) in der christlichen

Geschichte von allem Anfang an gegeben hat. Sie sind auch, beruhigt euch, alle wieder vergangen.

Der syrische Bürgerkrieg war noch nicht ausgebrochen, als ich, auf den Spuren der Wüstenväter, etwas nördlich von Aleppo in eine bizarre Ruinenlandschaft geriet. Weit in der Ebene verstreut, bis fast zum Mittelmeer hin, ragten aus dem Weideland die Trümmer eigenartiger Gebäude: offensichtlich weder Tempel, noch Kirchen, noch Burgen. Was dann? Es waren zerfallene antike Hotels. Alle gebaut während des globalen Hypes um ihn, der mitten drin und über allen, hoch vom Berg Quala'at Samaan herab, auf seiner Säule die Arme segnend ausbreitete: Simeon der Grosse. Der Grösste (10. Stück).

Ein Augenzeuge, der Historiker Theodoret, beschreibt die Szene mitten im 5. Jahrhundert so: »Nicht nur die Syrer drängen sich um Simeon, sondern auch die Araber, die Perser, die von den Persern unterjochten Armenier, die Homeriten und Völkerschaften, die weit im Inneren Asiens wohnen. Es kommen auch viele vom westlichen Rand der Welt: Spanien, Briten und Gallier.« Als wär's das gesamte world village, so starrten die unabsehbaren Massen in globaler Begeisterung empor zu ihm:

Zu Simeon dem Säulenheiligen damals. Zu Franziskus dem Medienheiligen jetzt.

1. Stück
Als der Borgia trauerte

Worin wir einen ungewöhnlich guten Papst schätzen lernen

Valencia, deine Nächte!

In Valencia hat er seine frühen Jahre verlebt, Rodrigo Borgia, der Spanier, der sich als Papst Alexander VI nennen wird. Aus Valencia nach Rom gebracht hat er seine überbordende Lebenslust und eine fast unerschöpflich gute Laune. Im Jahr 1500 noch schrieb der Gesandte Venedigs aus Rom: »Der Papst ist siebzig Jahre alt und wird jeden Tag jünger. Seine Sorgen überdauern nie eine Nacht. Er will sein Leben geniessen, ist froher Laune und tut nichts, was ihm nicht gut täte.«

Einmal aber haben die Römer den Borgia anders erlebt. Das war im Juni 1497, als die Leiche seines Sohnes Juan mit durchschnittener Kehle aus dem Tiber gezogen wurde. Vor den versammelten Kardinälen brach Rodrigo Borgia zusammen: »Mein Juan! Mein Sohn! Lieber würde ich sieben Papsttümer verlieren als eines meiner Kinder!«

Fünf Jahre zuvor hatte der Jubel in Rom keine Grenzen gekannt, als das Konklavefenster der Sixtinischen Kapelle aufging mit der unerwarteten Botschaft, zum neuen Papst gewählt sei der spanische Kardinal Rodrigo Borgia. Beim Krönungsritt herrschte ein derart begeistertes Gewühl, dass Alexander VI bei der Ankunft im Lateran ohnmächtig erschöpft vom Pferd sank.

Woher die Begeisterung des römischen Volkes, und zwar gerade der kleinen, bescheidenen Leute, für den Spanier? Alle kannten doch die nächtlichen Laster des Borgia. Viele Spässe wurden darüber gemacht. Aber moralische Empörung? »Peccati di carne, peccati di niente«, lautet der alte römische Spruch: »Sünden des Fleisches wiegen nicht schwer.« Wichtiger als die Laster des Borgia waren dem Volk seine Tugenden. Schon als Kardinal hatte er sich den Ruf erworben, grossmütig zu sein im Umgang mit kleinen Leuten. So verhielt er sich auch als Papst. Mit gnadenloser Härte und Tücke hat Alexander VI die Macht der grossen römischen Geschlechter gebrochen, der Colonna, der Orsini. Aber das römische Volk hasste den Spanier deshalb nicht. Im Gegenteil. Diese feudalen Lokaltyrannen waren es ja, die das Volk aufs Blut ausgesogen hatten. Unter dem Spanier ging es den kleinen Leuten viel besser als zuvor unter den italienischen Päpsten.

Nach dem Abzug des Franzosenkönigs Karls VIII aus Rom lag dem Borgia zum Beispiel viel daran, die Engelsburg stärker zu befestigen. Doch mussten zu diesem Zweck eine Reihe von Häuschen armer Leute abgerissen werden. Die Verhandlungen mit ihnen zogen sich über Jahre hin – geduldig geführt im Auftrag eines Papstes, der sonst keine Minute zögerte, einem widerspenstigen Feudalherrn den Garaus zu machen.

Weniger verzeihlich als die Sünden des Fleisches sind die Sünden des Geldes. Sein ganzes grosses Vermögen hatte der Borgia eingesetzt, um sich, für seine Wahl zum Papst, Stimmen im Konklave zu kaufen. Mit den ärmeren Kardinälen hatte er angefangen. Die verlangten nicht so viel. Dann aber geriet er an die reichen. Die waren so anspruchsvoll, dass Rodrigo Borgia, um Papst zu werden, kurz vor der Wahl noch seinen eigenen Palazzo versetzen musste.

Ämterkauf heisst in der katholischen Kirche Simonie und gilt als Todsünde. Ohne Zweifel haben die Kardinäle mit Rodrigo Borgia einen Todsünder auf den Stuhl Petri erhoben. Doch dieser Todsünder war von allen der tüchtigste. Der Borgia war ein ungemein fähiger Jurist. Ordnung hat er in die verschlampte römische Bürokratie gebracht. Urkunden, die zu erlangen vorher Jahrzehnte dauerte, unter ihm waren sie in wenigen Wochen da. Und wo immer er seine Nächte verbrachte, des Tags war dieser Papst mit vorbildlichem Pflichtbewusstsein im Amt.

Hocherstaunt aber waren die Römer, als der Spanier ankündigte, er werde jetzt das eigentliche Krebsübel der Kurie, das Nepotentum, radikal abschaffen. War nicht Rodrigo Borgia selber der Nepote, der Papstneffe par excellence?

Nach Rom geholt hatte ihn, als er vierundzwanzig war, sein Onkel, Papst Kalixt III. Dass dieser Spanier sich im Vatikan mit spanischen Neffen umgab, darf als Notwehr durchgehen. Kalixt sah keine andere Möglichkeit, sich als Ausländer in der römischen Schlangengrube zu behaupten. Die Italiener aber waren so verblüfft, dass sie eigens für diese Bande von Spaniern im Vatikan den Begriff nepotismo erfanden. Doch das schlechte Beispiel machte Schule: Die vier folgenden italienischen Päpste setzten die Neffenwirtschaft fort.

In einem gewissen Sinne hat Papst Alexander VI tatsächlich mit dem Nepotismus Schluss gemacht: Statt mit Hilfe seiner Neffen regierte der Borgia mit Hilfe seiner Kinder. Als er im Sommer 1501 Rom verliess, beauftragte er seine Tochter Lucrezia mit der Leitung des Kardinals-Kollegiums. So hat eine blühende junge Frau, kaum zwanzig Jahre alt, drei Monate lang dem Vatikan vorgestanden.

Sie machte ihre Sache gut. Der Borgia hatte ja dafür gesorgt, dass seine Tochter eine ausgezeichnete Bildung bekam. Latein und Griechisch konnte Lukrezia, Französisch, Spanisch und Italienisch. Später, als Herzogin von Ferrara, war sie eine vorbildliche Fürstin und Mäzenin der Künste. Und statt, wie die andern Frauen Roms, ihre Reize nach der neuesten Mode freimütig zu zeigen, zog Lukrezia elegante, aber streng hochgeschlossene – sogenannte gotische – Gewänder vor. So sehr war sie das Lieblingskind des Papstes, dass er für sie, als sie noch jünger war, am Fuss des päpstlichen Thrones ein eigenes Sitzkissen einrichten liess.

Weniger Glück als mit seiner Tochter Lucrezia hatte Alexander VI mit seinem Sohn Cesare. Machiavelli hat ihn gefeiert als einen Mann von »übermenschlichem Mut« und als den »perfekten Fürsten«. Die meisten Römer bewunderten ihn eher als den »perfekten Verbrecher«. Das Bewunderswerte am »criminale perfetto« war nach Ansicht der Renaissance, dass er keine Spuren hinterliess. So gibt es keinerlei Spuren, die beweisen, dass ausgerechnet Cesare seinem unglücklichen Bruder Juan die Kehle durchgeschnitten und seine Leiche in den Tiber geworfen hat. Gerade darin aber sahen viele den Beweis, dass der Täter nur der »perfekte Verbrecher«, also Cesare, sein konnte. Gar nicht perfekt war dagegen sein Mord an Alfonso de Aragón, dem zweiten Mann seiner Schwester Lucrezia. In Wirklichkeit war dieser Sohn des Papstes weder ein »criminale perfetto« noch ein »principe perfetto«, sondern einer von vielen gewissenlosen, brutalen jungen Warlords im Italien der Bürgerkriege.

Lucrezia und Cesare sind zwei Kinder des Papstes, die ihm seine eigentliche Lebensgefährtin, Vannozza de Cattaneis, geboren hat, eine Frau, die in ihrer Intelligenz, Tapferkeit und Diskretion Madame de Maintenon gleicht, der Lebensgefährtin des Sonnenkönigs. Insgesamt hatte Rodrigo Borgia wohl neun Kinder. Gemessen am Zölibatsgesetz der Kirche sind das neun zuviel. Aber der Valencianer nahm, wie so viele Italiener der Renaissance, sittliche Vorschriften einfach nicht ernst. Nicht am Gesetz der Kirche mass sich Rodrigo Borgia, sondern am Verhalten italienischer Fürsten seiner Zeit. So gesehen aber war Papst Alexander, mit seinen neun unehelichen Kindern, ganz banaler, man möchte fast sagen: braver Durchschnitt.

Wie ist es da nur möglich, dass dieser Papst in die Romane, in die Filme, ja noch ins Fernsehen des 21. Jahrhunderts eingehen konnte als grausigster Lustmolch aller Zeiten? Das hat er nicht seinen Lastern zu verdanken, sondern seinen Tugenden.

Entsprechend seinem weltoffenen Charakter war Rodrigo Borgia ein höchst liberaler Papst. Zum Beispiel liess er nicht zu, dass die Inquisition im Kirchenstaat tätig wurde. Ja er verbot im Kirchenstaat jegliche Zensur. Die unverhoffte Folge für jene Zeit so aussergewöhnlicher Liberalität war eine Flut von Schmähschriften gegen seine eigene Person.

Es grämte ihn nicht. So unerschütterlich war die gute Laune dieses Papstes, dass er sogar die schlimmsten Verleumdungen selber gerne las. Mit vergnügtem Kopfschütteln. Zum Beispiel den »Savelli-Brief«. Das ist bis heute der erfolgreichste Pornothriller um Familie Borgia. Nachts um drei habe im Vatikan eine Orgie von satanischer Verworfenheit stattgefunden: Lucrezia mit ihrem Vater und ihrem Bruder im blutschänderischen Bett. Vierzig Huren waren auch dabei. O die Superorgie der drei Borgia mit den vierzig nackten Huren im Vatikan!

Rodrigo Borgia war humanistisch gebildet und merkte deshalb auf der Stelle, dass der anonyme Verleumder diese Orgie aus Homers Ilias abgeschrieben hatte, wo es allerdings statt Huren Schweine sind und statt Lukrezia die Zauberin Circe. Wer im Vatikan war gebildet und zugleich böswillig genug, um den guten alten Homer so obszön zu verfremden? Nur einer kam in Frage: Johannes Burckard, des Papstes Zeremonienmeister. Rodrigo Borgia hat ihm deshalb kein Haar gekrümmt.

Ein Elsässer war Burckhard und somit, jener Zeit entsprechend, ein glühender deutscher Patriot. Nicht über das ausgelassene Privatleben des Papstes war er verbittert, sondern über dessen reichsfeindliche Politik. Mit seiner homerischen Orgien-Phantasie hoffte Burckhard, in Deutschland die nötige Empörung auszulösen, damit der Kaiser ein Konzil einberufe, um den Spanier vom Papstthron zu stürzen.

Das hat er nicht erreicht. Dennoch ist die Orgie aus dem »Savelli-Brief« eingegangen in Europas grosse Legenden. Porno allein langweilt ja schnell. Aber Porno und Papst, diese combinazione fesselt alle.

Und die furchtbaren Giftmorde des Borgia? Als er am 18. August 1503 starb, verbreitete sich das Gerücht, der Teufel habe ihn geholt. Bei einem wüsten Gelage im Vatikan habe Lucifer selber die vergifteten kandierten Früchte, mit denen der Borgia Kardinal Adriano ermorden wollte, heimlich auf des Papstes eigenen Teller geschmuggelt. So habe er sich die Seele, die ihm Rodrigo Borgia einst bei der simonistischen Papstwahl übereignen musste, jäh mitten aus dem Vatikan in die Hölle hinabgeholt.

Dies ist nicht bei Homer abgeschrieben. Vielmehr ist es eine Variante der Faust-Legende, die zuvor schon einem halben Dutzend Päpsten und Gegenpäpsten angehängt worden war. In Wirklichkeit ist Papst Alexander VI an Malaria gestorben.

Wir wollen ihn im Gedächtnis behalten als einen tüchtigen, liberalen und sozialen Papst, als einen guten Vater auch, der seine unehelichen Kinder nicht verleugnet hat, sondern treusorgend zu ihnen gestanden ist.

Und die Orgienlegenden? Auch die wollen wir in Ehren halten. Schliesslich sind sie schon so lange immer weiter ausgesponnen worden, in immer neuen Romanen und Filmen, dass sie jetzt, ähnlich wie das Gilgamesch-Epos oder wie Grimms Märchen, zum Kulturerbe der Menschheit gehören.

Jeder von uns sollte sie seinen Kindern und Kindeskindern im trauten Kreis weitererzählen, allerdings nicht bebend vor sittlicher Empörung, sondern mit dem leichten Augenzwinkern italienischer Ironie:»Se non è vero, è ben trovato – Ist's nicht wahr, so ist's doch gut erfunden.«

2. Stück
Wie Papst Pius IX in Rom die Strassenbeleuchtung einführte
Worin wir lernen, dass Päpste weder krank noch böse sind

Stell dir, geneigte Leserin, geneigter Leser, stell dir etwas Unerhörtes vor. Stell dir vor, es würde in Rom ein neuer Papst gewählt. Und es fiele die Wahl auf einen Kardinal, der mit seiner ganzen Person den Fortschritt verkörpert. Stell dir das vor. Und jetzt versuche dir vorzustellen, wie es mit diesem Papst weitergehen wird. Es ist vorstellbar, weil es dies, genau dies, einmal schon gegeben hat.

Als Kardinal Sforza 1846 auf den Balkon des päpstlichen Palastes trat mit der uralten Proklamation »Ich verkünde euch eine grosse Freude: Habemus papam«, da war die »grosse Freude« keine rituelle Formel; grenzenlos war der Jubel, der ganz Rom erfasste bei der Nachricht, zum Papst gewählt sei der 54jährige Kardinal Giovanni Maria Graf Mastai-Ferretti.

Noch konnte niemand die Szene photographieren. Aber es gibt Zeichnungen. Sie zeigen ein Delirium: die Strassen Roms schwarz von Bürgern, die ihre Hüte vor Begeisterung in die Luft werfen, Frauen, Kinder, die vor lauter Jubel fast von den Balkonen herunterpurzeln. Rom konnte es vor Freude nicht fassen: Zum ersten Mal seit unvordenklichen Zeiten sass auf dem Stuhl Petri ein Mann des Fortschritts und der Freiheit.

Ein Mastai-Ferretti. Um einen neuen Papst einzuschätzen, war damals nämlich in Rom die Familienzugehörigkeit entscheidend. Die Familie Mastai-Ferretti aber galt als »aufklärerisch«. Wir würden heute sagen: Der neue Papst kam aus einer linken Familie.

Schon bisher, als Bischof von Imola, hatte er aus dieser fortschrittlichen Gesinnung kein Hehl gemacht. Offen verkehrte er mit liberalen Politikern und Intellektuellen. Unbedenklich las er Lamennais, Montalembert und Lacordaire, jene französischen Theologen, die den alten katholischen Glauben versöhnen wollten mit den Idealen der Aufklärung und der Französischen Revolution.

Ein solcher Mann auf dem Stuhl Petri? Im Jahre 1846? Im finsteren Europa der Heiligen Allianz? Der neue Papst, schrieb die englische Presse, sei »der aufgeklärteste Herrscher des Jahrhunderts«. In New York, wo sich die aus Europa verjagten Demokraten sammelten, fand eine Freudenkundgebung statt, auf der einstimmig die folgende Huldigung an den Papst beschlossen wurde: »Wir übermitteln Eurer Heiligkeit das Zeugnis unserer grenzenlosen Sympathie; einer Sympathie, die wir keineswegs als Katholiken bezeugen, sondern als Söhne der Republik und als Freunde der Freiheit.«

Als erstes holte der neue Papst mit einer Amnestie mehr als tausend liberale Bürger und Politiker aus den päpstlichen Gefängnissen. Er schränkte die Pressezensur ein und liess die Mauer um das Ghetto der römischen Juden einreissen. Ja, er ordnete an, in Rom die Strassenbeleuchtung einzuführen. Noch sein Amtsvorgänger, Papst Gregor XVI, hatte Strassenlaternen als Inbegriff des Neuen und somit Bösen verdammt.

Vor allen Dingen praktizierte der neue Papst eine neue Art, mit den Leuten umzugehen. Was sich kein Mensch vorstellen konnte, geschah: Der Papst ging zu Fuss durch Rom. Er führte wöchentliche Audienzen ein, und zwar für jedermann. Was heisst für jedermann? Niemand wollte es glauben, aber es war wahr: Selbst Frauen wurden zu den Audienzen zugelassen! Frauen beim Papst! Er habe nichts gegen Frauen, sagte der neue Papst, Frauen seien ihm »simpatiche«.

Nach ein paar Monaten dieses Regiments in Rom war es soweit, dass in Wien Metternich entsetzt fragte, ob der Heilige Vater »schwach von Begriff« sei, während im österreichisch regierten Norden Italiens revolutionäre Kundgebungen stattfanden, bei denen das Volk, statt roter Fahnen, die Büste des Papstes durch die Strassen trug und unablässig, begeistert seinen Namen skandierte: Pio Nono – Pius IX

Geneigte Leserin, geneigter Leser: Nur der Umstand, dass selbst gutwillige Zeitgenossen in Kirchengeschichte ein bisschen schwach geworden sind, lässt mich hoffen, dass du das Buch nicht längst zugeschlagen hast. Was, der? Was, Pius IX? Was, ausgerechnet der?

Ausgerechnet Pius IX, der Papst, der 1870 den Bruch zwischen der modernen Welt und der Katholischen Kirche herbeiführte, indem er sich selbst als unfehlbar erklärte, und zwar nicht etwa unfehlbar als Organ der Gesamtkirche, sondern unfehlbar »ex sese«, das heisst unfehlbar »aus sich selber«! Und der dieses Dogma auf dem 1. Vatikanischen Konzil selbstherrlich verkünden liess, obwohl ihm fast alle deutschen und französischen Bischöfe dringend davon abgeraten hatten.

Ausgerechnet Pius IX, der Papst, der 1864 den »Syllabus« in die Welt setzte, eine radikale Kriegserklärung an Fortschritt und Demokratie! In 80 Sätzen, Punkt für Punkt, hat er in diesem Dokument sämtliche Prinzipien des modernen Lebens und Denkens als ketzerisch verdammt. Verdammt wird zum Beispiel im Syllabus jeder, der es wagen sollte, folgenden Satz zu bejahen: »Der Papst kann und muss sich mit dem Fortschritt, dem Liberalismus und der modernen Kultur versöhnen und verständigen.«

Ausgerechnet Pius IX, der Papst, der schon 1854 die aufgeklärte Welt absichtlich vor den Kopf stossen wollte, indem er das Dogma von der Unbefleckten Empfängnis Mariä verkündete! Die Welt war nur deshalb nicht vor den Kopf gestossen, weil sie das Dogma nicht verstand. Noch heute glauben selbst die meisten Katholiken, die Unbefleckte Empfängnis bedeute, dass Maria ihren Sohn Jesus ohne Sünde empfangen habe. In Wirklichkeit besagt dieses eigenartigste aller Dogmen aber, dass keine Sünde war zwischen dem heiligen Joachim und der heiligen Anna, als sie ihre Tochter Maria zeugten.

Ausgerechnet Pius IX, unter dessen Herrschaft in der katholischen Kirche ein so weltfremder Frömmigkeitsbetrieb aufblühte, dass Wilhelm Busch daraus die Inspiration zu seinen schönsten Satiren schöpfte, zum »Heiligen Antonius« und zur »Frommen Helene«!

Ausgerechnet Pius IX, der 366 Demokraten erschiessen und aufhängen liess, die letzten beiden noch 1870, zwei Tage bevor er, durch den Einmarsch der italienischen Truppen, den Kirchenstaat verlor! Er, der im Volk zum Schluss so verhasst war, dass man nicht wusste, wie man ihn bestatten solle, als er am 7. Februar 1878 starb. Und dessen Sarg das römische Volk, als er schliesslich des Nachts heimlich überführt wurde, über und über mit Kot bewarf.

Ausgerechnet dieser reaktionärste aller Päpste soll 32 Jahre zuvor, als er sein Amt antrat, ein Bannerträger von Freiheit und Fortschritt gewesen sein?

Wenn bei uns in der katholischen Kirche einer etwas tut, was nicht ganz leicht erklärbar ist, dann machen sofort zwei rituelle Erklärungen die fromme Runde, stets die gleichen.

Erklärung I: Der Mann ist krank. Erklärung II: Der Mann ist böse. Erklärung I: Papst Pius IX war krank. Tatsächlich litt er im Alter von 15 bis 33 Jahren an der »heiligen Krankheit«, an epileptischen Anfällen. Die ganze rechte Seite seines Körpers wirkte auch später etwas gelähmt. Im Temperament blieb er tagsüber launenhaft und unberechenbar; nachts brauchte er nur aus dem Fenster zu gucken, um Kometen und Marienerscheinungen zu erblicken. Als ihn dann 1848 die Revolution von links überrollte, als sein Ministerpräsident Pellegrino Rossi ermordet wurde und er selber, um sein Leben, aus dem Kirchenstaat fliehen musste, habe diese Episode sein labiles epileptisches Gemüt so dauerhaft verstört, dass er fortan das Gegenteil seiner selbst war. Soweit Hypothese I. Sie ist in Wirklichkeit gar keine Hypothese, sondern eine Projektion uralter Vorurteile gegen Epileptiker. Zumindest übersieht sie, dass einige der intelligentesten, schöpferischsten Gestalten der Religionsgeschichte vermutlich ebenfalls Epileptiker waren, Paulus zum Beispiel oder Augustinus.

Hypothese II: Papst Pius IX war böse. Für diese Erklärung sorgte vor allem sein Verhalten auf dem 1. Vatikanischen Konzil. Vom ersten bis zum letzten Tag manipulierte er das Konzil so gewissenlos, dass Kardinal Gustav von Hohenlohe urteilte, im ganzen Leben habe er keinen Menschen kennengelernt, der ein so gebrochenes Verhältnis zur Wahrheit habe wie der Papst. Wer ihm zu widersprechen wagte, den beschimpfte er unflätig. Den armen alten Patriarchen Audu sperrte er sogar eigenhändig im Vatikan ein, dem glatzköpfigen Kardinal De Falloux riss er die Perücke vom Kopf. Und als ein italienischer Fabrikant es wagte, »fiammiferi infallibili« auf den Markt zu werfen, »unfehlbare Streichhölzer«, liess Pius IX sofort die römische Polizei ausschwärmen, um die lästerlichen Streichhölzer zu beschlagnahmen. Niemand und nichts auf der Welt durfte unfehlbar sein, nur er allein. Das alles ist gewiss kein Ausdruck von Güte. Aber ob es ein Indiz für das sei, was die Theologie »mysterium iniquitatis« nennt, das »Geheimnis der Bosheit«, darf man bezweifeln. Auch ausserhalb des Klerus ist die Zahl alter Männer, die sich so aufführen, ziemlich gross. Wie also, wenn es weder an Bosheit noch an Krankheit gelegen hat, sondern an ganz anderen, an zwingenden sachlichen Gründen, dass ein Papst wie Pius IX so fortschrittlich begann und so reaktionär endete?

Der amerikanische Religionssoziologe Peter Berger hat darauf hingewiesen, dass sich alle grossen Religionen seit der Aufklärung, seit der Französischen Revolution, in einer doppelten Zwangslage befinden: Wenn sie sich an die moderne Welt anpassen, verlieren sie ihre Identität. Sie werden mit ihrem aggiornamento von der Welt auch gar nicht ernst genommen. Wenn sie jedoch das Gegenteil tun, wenn sie sich stur stellen, werden sie erst recht komisch und verlieren jeden Einfluss. Ob sie sich nun also anpasst oder ob sie sich hinter eine Chinesischen Mauer zurückzieht, die Kirche verliert in der modernen Gesellschaft so oder so. Berger sieht darin die Zwangslage einer »cognitive minority«, einer »weltanschaulichen Minderheit« also, die die Macht und den prägenden Einfluss auf das Leben an andere, mächtigere Weltanschauungen verloren hat, und die nun mit den hilflosen Bewegungen eines Spastikers weiterzukommen sucht, mal indem sie sich anpasst, mal indem sie sich stur stellt. Und die mit beiden Strategien doch ihren Niedergang nur selber beschleunigt.

Das ist die Zwangslage, mit der auch die Muslime und die Hindus offenkundig nicht fertigwerden. Zur Zeit von Aga

Khan und Gandhi haben sie versucht, sich dem sogenannten Westen anzupassen, jetzt schliessen sie sich ab. Und mit beiden Strategien scheitern sie.

Einzig die protestantische Theologie versucht seit zwei Jahrhunderten, sich in die neue Rolle der Religion als einer »kognitiven Minderheit« konsequent und ehrlich hineinzubegeben. Sie tut es mit beispielloser Tapferkeit und Intelligenz. Und doch scheint sie zu scheitern.

Wir Katholiken haben mit den Muslimen mehr gemein als mit den Protestanten. Doch obwohl die Päpste der Übermacht der modernen areligiösen Welt schon viel länger ausgesetzt sind als die Ajatollahs, werden sie genauso wenig damit fertig. In unseren Tagen hat es Papst Paul VI zuerst mit Anpassung und Öffnung versucht, dann bekam er es so mit der Angst zu tun, dass er die Enzyklika »Humanae Vitae« verfasste. Johannes Paul II war zwar nie ein Liberaler, aber er hat doch begonnen als volksnaher, weltoffener Konservativer; er endete als Opus-Dei-Papst.

Keiner dieser Päpste war krank oder böse, sowenig wie die heutigen Führer der Muslime und der Hindus krank oder böse sind. Sie werden nur nicht fertig mit einem Dilemma, das, so vermute ich, der Sache nach unlösbar ist: In der modernen, rationalistisch und hedonistisch geprägten Gesellschaft ist für die Religion, ob sie sich nun öffnet oder abschliesst, letzten Endes kein Platz. Pius IX ist der erste Papst, der beide Strategien versucht hat und mit beiden gescheitert ist.

Wer es besser weiss als er, wer ein Patentrezept hat, wie die Religion mit der modernen Welt zurechtkommen kann, der werfe den ersten Stein auf Papst Pius IX.

3. Stück
Wie die heilige Paula den Zölibat erfand
*Worin wir eine ungewöhnlich starke Christin
kennen lernen*

Ungeheuer war, anno 385, die Aufregung in Rom. Auf den Strassen tobten die Heiden, in den Kirchen tobten die Christen. Ganz Rom schien zu toben gegen einen einzigen Mann. Ich spreche seinen Namen mit Ehrfurcht aus: Eusebius Sophronius Hieronymus.

Der heilige Hieronymus gilt heute als der grösste Gelehrte der späten Antike. Als »Kirchenvater« und als »Kirchenlehrer« verehren wir ihn. Als einer der grössten Heiligen des Altertums wird er auf allen Altären der katholischen Welt gefeiert. Warum dann trat im August 385 eigens ein römisches Konzil zusammen, um einen so grossen Heiligen mit Schimpf und Schande aus der Heiligen Stadt zu verbannen?

Das liegt daran, dass der heilige Hieronymus, mitten in Rom, eine Sache vertreten hat, die wenig Freunde hat. Wenig Freunde unter den Heiden, wenig Freunde, ach, auch unter den Christen. Der heilige Hieronymus war ein leidenschaftlicher Prediger der Keuschheit. In die Kirchengeschichte ist er eingegangen als Apostel des Zölibats.

Freilich wissen wir aus der feministischen Theologie, dass überall dort, wo ein Mann als Heiliger verehrt wird, das wirkliche Verdienst einer heiligen Frau zukommt, die zu Unrecht in seinem Schatten stand. Betrachten wir die römischen Kampfjahre des heiligen Hieronymus unter diesem feministischen Gesichtspunkt, so fällt etwas Verblüffendes auf: Im Schatten dieses grossen Zölibatsapostels hat nicht etwa nur eine Frau gestanden, sondern eine ganze Frauenbewegung.

Die heilige Marcella und die heilige Lea, die heilige Albina und die heilige Principia, die heilige Blaesilla und die heilige Asella, die heilige Practextata und die heilige Fabiola, die heilige Titiana und die heilige Furia – nicht irgendwelche Betschwestern waren das um den heiligen Hieronymus, sondern die reichsten, die mächtigsten, die gebildetsten Frauen von Rom. Doch keine war so reich, so mächtig, so gebildet wie die Frau, die im gemeinsamen Kampf für den Zölibat zu seiner Lebensgefährtin werden sollte. Das ist die heilige Paula. Aus dem Geschlecht der Scipionen und der Gracchen stammte Paula. In dieser unerhört tapferen und intelligenten Frau, so urteilt Montalembert, hat sich der Geist der römischen Republik ein letztes Mal verkörpert. Was konnte eine Frau von solchem Format, von solchem Reichtum bewegen, einen Keuschheitsprediger zu betreuen, einen Zölibatsapostel zu finanzieren?

Wer eine Antwort auf diese Frage sucht, der fahre nach Pompeji und schaue sich dort mit eigenen Augen in der späten Antike um: Sex von oben, Sex von unten, Sex von vorne, Sex von hinten, an allen Wänden nichts als Sex. Kitschiger Sex, ordinärer Sex – was auffällt, ist der schlechte Geschmack, ist die billige Aufdringlichkeit all dieser Fresken und Graffiti. Der berühmte »Phallus auf der Waage« zum Beispiel ist bestenfalls eine Illustration zur These des Erasmus von Rotterdam, dass der Penis das »dümmste aller Glieder« des Menschen sei.

Nicht an den Orgien eines Nero, nicht an den Ausschweifungen eines Caligula ist Rom zugrunde gegangen. Viel unerträglicher war jener banale sexuelle Alltag der späten Antike, wie er in Pompeji anschaulich erhalten ist: dieser geistlose Konformismus allgemeiner Sexgläubigkeit, diese grinsende Allgegenwart des Ordinären, diese spiessige Normalität des Obszönen, für die britische Historiker den Begriff »lascivious rectitude« geprägt haben. Das heisst auf deutsch »Geilheits-Konformismus«.

Die meisten Frauen mussten sich das gefallen lassen. Aber nicht alle. Nicht die Frauen, die finanziell unabhängig waren. Das waren die unverheirateten Frauen mit Geld, vor allem die steinreichen Witwen aus dem römischen Patriziat. Wie zum Beispiel Marcella und Paula.

Masslos war die Erbitterung dieser Frauen aus den grossen alten republikanischen Familien. Der Niedergang Roms in der politischen Diktatur und im Konformismus der Sexgläubigkeit, in ihren Augen war es ein und dasselbe. Rom war verkommen zur »cloaca maxima«. Und es gab keine Rückkehr zur alten römischen Familienordnung. Es gab nur den grossen Sprung nach vorn. Ins Christentum. In die Keuschheit.

Simone de Beauvoir hat einmal gesagt, für die moderne Frauenbewegung gebe es in der Vergangenheit kein anderes Vorbild als die reichen Frauen. Nur reiche Frauen nämlich konnten sich, früher schon, die Selbstbestimmung leisten. Im Palast der heiligen Marcella auf dem Aventin, im römischen Stadt-Salon der heiligen Paula beginnt die Emanzipationsbewegung des 4. Jahrhunderts, die Frauenbewegung für Keuschheit und Zölibat.

Was die reichen Witwen vormachten, das machten bald die reichen Töchter nach. Bei den Christen waren sie, wenn sie das Gelübde der Jungfräulichkeit ablegten, hochgeachtet. Gleichzeitig behielten sie, weil keinem Manne untertan, die Verfügung über ihr Geld.

Die kleine Schar der Männer, die mit diesen Frauen gemeinsame Sache machten, war von anderem Schlag. In heutige Begriffe übertragen war der heilige Hieronymus der führende Kopf unter den römischen Linksintellektuellen. Was ist ein Linksintellektueller? Das ist ein Mann, der mit allen andern Streit hat, weil er gegen das Böse kämpft, an dem die andern schuld sind. Böse ist zum Beispiel die Umweltverschmutzung. Im 4. Jahrhundert gab es leider noch keine Umweltverschmutzung. Was ein rechter Linksintellektueller war, der kämpfte, ersatzweise, gegen die moralische Umweltverschmutzung und machte, wie der heilige Hieronymus, als Keuschheitsapostel intellektuelle Karriere.

Es war ein kleiner Unterschied zwischen der heiligen Paula und dem heiligen Hieronymus, wenn sie ihn in ihrem eleganten römischen Salon empfing: Sie, die hochgebildete, reiche Erbin Scipios, er, der intellektuelle Emporkömmling aus der dalmatinischen Provinz, von so obskurer Herkunft, dass die Angaben über seine Geburt um fünfzehn Jahre auseinanderklaffen. Sie war die römische domina, die hohe Lady, die ihm ihr Ohr gnädig neigte, die ihn förderte, ihn zum grossen Keuschheitsapostel aufbaute. Und der es doch im Jahr 385 nicht gelang, ihn vor den empörten Machos zu schützen und seine Abschiebung aus Rom zu verhindern.

Was jetzt beginnt, ist eines der klassischen Motive der abendländischen Malerei: Hieronymus ganz allein im Exil zu Bethlehem. Hieronymus der Einsiedler, versunken ins Studium und ins Gebet. »Hieronymus im Gehäuse.« So haben sich das die Maler später vorgestellt. So hatte sich das wohl auch der heilige Hieronymus selber vorgestellt, als er aus Rom nach Bethlehem floh. Doch er hatte, nicht ganz zufällig, seine zölibatäre Rechnung ohne die Frauen gemacht.

Während sich nämlich der heilige Hieronymus in seinem Gehäuse in Bethlehem gemütlich einrichtete, froh, den ganzen Tag Zeit und Ruhe zu haben fürs Schreiben, herrschte daheim in Rom, im Salon der heiligen Paula, die grösste Unruhe: War es nicht verantwortungslos gewesen, den heiligen Hieronymus allein abreisen zu lassen? Würde er zurechtkommen, ein hilfloser Intellektueller wie er, einsam im Exil?

Alsbald stach ein Schiff in See. An Bord Hunderte von Jungfrauen und Witwen aus den vornehmsten Kreisen. Die gesamte römische Frauenbewegung war aufgebrochen. Auf der Kommandobrücke, samt ihren Töchtern Eustochia und Blaesilla, die heilige Paula. Auf zum heiligen Hieronymus!

Hieronymus hatte sich in Bethlehem niedergelassen, um die gesamte Heilige Schrift aus dem Hebräischen und dem Griechischen ins Latein zu übersetzen. Diese Übersetzung, die »Vulgata«, hat er auch vollendet. Moderne Exegeten freilich lassen an der Bibel des heiligen Hieronymus kein gutes Haar. Die Übersetzung sei voll von Schludrigkeiten, von Auslassungen und von krassen Fehlern.

Wen wundert das! Während Hieronymus die Bibel übersetzte, herrschte, rings um sein Gehäuse, nicht himmlische Ruhe, sondern höllischer Baulärm. Nach kurzem Augenschein in Bethlehem war die heilige Paula nämlich zum Schluss gekommen, dass der grosse Zölibatsapostel zu unselbständig sei, um allein im Exil zu leben. Dass er der Betreuung bedurfte. Und sie begann zu bauen.

Nach ihrem Prinzip »Geld spielt keine Rolle« stampfte die heilige Paula drei grosse Frauenklöster aus dem Sand, die das winzige Gehäuse des heiligen Hieronymus von allen Seiten machtvoll umwallten. Sogar so etwas wie ein antikes Telephon, oder besser: eine antike Faxverbindung installierte die heilige Paula, nämlich einen stündlichen Kurierdienst zwischen ihrer eigenen Zelle und dem Gehäuse des heiligen Hieronymus. Stündlich von der heiligen Paula inspiriert, stündlich von ihr gemanagt, schrieb der heilige Hieronymus fortan einen Traktat »De Virginitate« (»Über die Keuschheit«) nach dem andern. Finanziert von der heiligen Paula, überfluteten seine Streitschriften für den Zölibat aus Bethlehem das Römische Reich.

Es ist jetzt wichtig zu wissen, dass es im Altertum einen blühenden Bildungstourismus gab. Zur Bildung eines jungen Römers gehörte eine Reise nach Ägypten. Vor allem für höhere Töchter aus gutem Hause war Ägypten ein kulturelles Must.

Plötzlich war eine Bildungsreise nach Ägypten nicht mehr denkbar ohne einen frommen Abstecher nach Bethlehem. Hieronymus selber beschreibt das ungeheure Gewimmel suchender junger Menschen, die bald danach aus dem ganzen Imperium in Bethlehem zusammenströmten. Als wäre es das Taizé der Antike.

Genau wie heute in Taizé um Bruder Alois, genauso andächtig sassen die jungen Christinnen und Christen in Bethlehem dem heiligen Hieronymus zu Füssen. Und wenn abends die Lagerfeuer aufloderten, stiegen aus unzähligen Kehlen die Lieder der neuen Jugendbewegung zum Himmel. Es müssen, nach italienischen Forschungen, mehrere tausend gewesen sein, die wie Schlager ums Mittelmeer gingen, begeistert von Mund zu Mund: Lieder vom Zölibat und von der Jungfräulichkeit – Lieder von Jesus, dem ersten keuschen Mann: »Jesu, corona virginum ...«.

Ob solchen Klängen verging den spätantiken Machos, daheim in Rom, Hören und Sehen. Mit ein paar linken Intellektuellen waren sie leicht fertig geworden, mit einer Frauenbewegung zur Not auch. Mit einer Jugendbewegung aus Bethlehem aber hatte keiner gerechnet. Eine Jugendbewegung für Keuschheit und Zölibat, das war zuviel. Zuerst kippte die öffentliche Meinung in Alexandrien. Dann kippte sie in Rom selbst. Am 30. September 419, als der heilige Hieronymus in seinem Gehäuse zu Bethlehem steinalt starb, hatte die cloaca maxima am Tiber sich geläutert zum Jungbrunnen des Zölibats.

Der Triumph des heiligen Hieronymus, der Triumph der christlichen Keuschheit gilt als eine der erstaunlichsten Umwälzungen der europäischen Kulturgeschichte. Und doch könne man sich in diesem Falle alle komplizierten Erklärungen sparen, meint Havelock Ellis, der grosse englische Sexualforscher.

Der heilige Hieronymus hat gesiegt, weil er die stärkere Sache vertrat. So geistlos, meint Ellis, sei die Sexgläubigkeit der späten Antike gewesen, so abgestanden der ordinäre Konformismus der Schamlosigkeit, dass das Keuschheits-Experiment der heiligen Paula und des heiligen Hieronymus die Jugend anziehen musste mit dem unerhörten Reiz des Revolutionären. Nur deshalb, schreibt Ellis wörtlich, hat die Keuschheit aus Bethlehem Europa erobern können, weil ihr der Zauber eines neuen Erlebnisses eignete, einer herrlichen Freiheit und eines ungeahnten Abenteuers:

»If, indeed, it had not possessed the charm of a new sensation, of a delicious freedom, of an unknown adventure, it would never have conquered the European world.«

4. Stück
Skandal in Kopenhagen

Worin wir die protestantischen Spiesser
fürchten lernen

Was ist das Gegenteil von einem Christen? Ist das der Sünder? Nein. Ist das der Ungläubige? Nein. Das Gegenteil des Christen ist der Spiesser. Inbegriff des Spiessers aber ist der verheiratete Pfarrer im evangelischen Pfarrhaus. Diese These kommt nicht aus Rom, sondern aus Kopenhagen. Sie stammt von Kierkegaard. Das ist der evangelische Theologe, mit dem recht eigentlich das christliche Denken der Moderne beginnt.

Sören Kierkegaard – dänisch ausgesprochen Kierkegor – ist vor zweihundert Jahren geboren, als jüngstes von sieben Kindern des Wollhändlers Michael Kierkegaard. Das war ein Protestant, ganz wie ihn sich der Soziologe Max Weber vorgestellt hat: tief fromm und zugleich unerhört geschäftstüchtig. Vom jütländischen Schafhirten war er aufgestiegen zu einem der reichsten Männer von Kopenhagen. In seinem frommen Haus verkehrten viele Würdenträger der Staatskirche Dänemarks. Der kleine Sören hat sie sorgfältig beobachtet. Und sie ihn.

Damals wie heute ist es ja das sichere Symptom eines provinziellen Milieus, dass alle Ausschau halten nach einem Knaben, der »hochbegabt« sei, und somit bestimmt für eine geniale Zukunft. Dass er der hochbegabte Knabe von Kopenhagen sei, daran hat der kleine Sören selber am wenigsten gezweifelt.

Andere, schreibt er selber, durchlaufen in der Kindheit und Jugend eine Phase der Entwicklung nach der andern, er nicht. Soweit er sich erinnern könne, habe er unverändert nur eine Lust gekannt: das Denken.

Masslose Lust am Denken und, fügen wir hinzu, am Reden. Sören war schmächtig und schief gewachsen. Vor den starken Fäusten anderer Knaben brauchte er sich trotzdem nicht zu fürchten. Dank seiner Schlagfertigkeit, dank seinem Witz war er allen überlegen.

Und wie der Knabe, so der Jüngling. Wenn er im zitronengelben Frack, mit Seidenschal, Spazierstock und Zylinder den Strög, den Corso der Stadt, auf und ab flanierte, war Kierkegaard der eleganteste Dandy von Kopenhagen. In allen Theatern sass er, besonders in der Oper, und wo er auftauchte, war er sofort der geistreiche Mittelpunkt der Unterhaltung. Er war, in seinen eigenen Worten, der »Salonlöwe« von Kopenhagen.

So wird er dreiundzwanzig, mehr als die Hälfte seines Lebens ist schon vorbei, da notiert er in sein Tagebuch: »Ich komme gerade aus einer Gesellschaft, wo ich die Seele war, die Witze strömten aus meinem Munde, alle lachten, alle bewunderten mich – – – ich aber ging fort und wollte mich erschiessen.«

Ein Dandy war er und zu gleicher Zeit das schiere Gegenteil. Noch jetzt, wie einst als Kind, schreibt er, komme er vor einem Kramladen vorbei, dessen Schaufenster vollgestellt sei mit den Nürnberger Bilderbögen berühmter Männer. Die meisten, von Alexander bis zu Napoleon, in Uniform, zu Pferd. Doch mitten drin ein gänzlich anderes Bild: Jesus Christus am Kreuz. Das war das einzige Bild, das einzige Vor-Bild, das ihn leidenschaftlich bewegte. Wenn es ihn nicht in die Cafés, in die Salons und in die Oper zog, dann zog es ihn in die vielen Kirchen von Kopenhagen. Regelrecht berauscht hat Sören Kierkegaard sich an den alten lutherischen Chorälen:»Befiehl du deine wege / Und was dein hertze kränckt ...« So einen, der süchtig ist nach Frömmigkeit, nennt man in katholischen Landen einen»Weihwasserfrosch«.»Weihwasserfrosch« und»Salonlöwe«, der junge Kierkegaard war beides. In jenem kirchlichen Milieu von Kopenhagen, das ihn von Kind auf so wohlwollend beobachtet hatte, begann man, sich Sorgen zu machen um Sören Kierkegaard. Diese Sorgen machte er sich selber auch. Im Grunde ratlos, was er im Leben werden könnte, entschloss er sich endlich zum Banalsten, zum Nächstliegenden: zum Beruf eines Pfarrherrn der Staatskirche von Dänemark. Sein vertrödeltes Theologiestudium nahm er wieder auf. Doch das war nur das eine und nur das Leichtere.

Martin Luther hatte den Zwang zum Zölibat abschaffen wollen. Doch daraus war der umgekehrte Zwang geworden. Ein evangelischer Pfarrer ohne vorbildliches Familienleben, das war in Dänemark so undenkbar wie in Deutschland. Gleich nach der theologischen Staatsprüfung verlobte sich Sören Kierkegaard mit»Fräulein Regine Olsen«.

Achtzehn war sie und die fromme Tochter eines hohen Finanzbeamten. Siebenundzwanzig war er und der fromme Erbe eines reichen Wollhändlers. Was stand dem Glück im evangelischen Pfarrhaus noch im Wege?

Nur ein Gefühl. Schon zwei Tage nach der Verlobung quält Sören Kierkegaard das Gefühl, in eine Falle geraten zu sein. Dieses Gefühl hat mancher junge Mann nach der Verlobung. In Sören Kierkegaard aber ist es mehr. Er selber spricht von einem»göttlichen Widerstand«.

In Kopenhagens Pfarrhäusern hatte er die Lebenswirklichkeit des evangelischen Pfarrers kennengelernt. Sobald sie unter sich waren, die Pfarrer, redeten sie über nichts als ihre viel zu geringen Gehälter. Waren sie geldgierig? Ja, aber nicht für sich. Nur an ihre Familie dachten sie. Bis in die späteste Nacht war's ein endloses Lamentieren über die Mitgift der Töchter, über das mühselige Befördern der Söhne. In den – so spottet Kierkegaard – »liebenden Armen« ihrer Pfarrersfrauen waren sie alle »Spiessbürger« geworden.

Ist das die Nachfolge Jesu Christi?

Und erst jene sexuellen Verlogenheiten im evangelischen Pfarrhaus, aus denen der Schwede Ingmar Bergman seine Filme drehen wird. Der Däne Sören Kierkegaard wollte sie gar nicht erst selber erleben. Am 11. Oktober 1841, ein Jahr nach der Verlobung, schickt Kierkegaard seiner Braut den Ring zurück.

Im stockprotestantischen Kopenhagen ist das ein Skandal. Für ihn selber ist es der Augenblick der Befreiung. Sofort stürzt er sich in ein philosophisch-theologisches Werk von unerhörter Fruchtbarkeit. In nur elf Monaten, teils in Kopenhagen, teils in Berlin, schreibt er mit über achthundert Seiten jenes Buch, das ihn berühmt machen wird: »Entweder – oder«.

Entweder die Sinnlichkeit oder die Pflicht. Entweder die Pflicht oder die Freiheit. Entweder die Nachfolge Jesu Christi oder die Staatskirche von Dänemark. Wofür er selber sich entschieden hat, das sagt er mit dem Pseudonym, unter dem er das Buch veröffentlicht: Victor Eremita – der siegreiche Eremit. In die Wüste Ägyptens waren sie einst geflohen, die Wüstenväter, jene christlichen Einsiedler, die sich nicht damit abfinden mochten, dass die Religion des Gekreuzigten unter

Konstantin Staatsreligion wurde und somit eine Religion der Anpassung, des Vorteils, der Bequemlichkeit, der staatlichen Karrieren.

Kierkegaards »Entweder – oder« ist der Aufruf zu einem radikal persönlichen Christentum. Das Buch ist aber auch ein ebenso radikaler Bruch mit Hegel, mit jener damals vorherrschenden Philosophie, welche die ganze Welt in einem gedanklichen System erfassen wollte. Das, sagt Kierkegaard, ist unmöglich. Zu vielfältig, zu widersprüchlich ist die Wirklichkeit. Wahr kann das Denken nur sein, wenn es sich beschränkt auf die eigene Existenz. Und diese Existenz verwirklicht sich in Entscheidungen: Entweder – oder. Der Eremit von Kopenhagen wird zum Vorläufer einer grossen Philosophie des 20. Jahrhunderts, des Existentialismus. Martin Heidegger und Jean-Paul Sartre werden seine Jünger sein.

Das können die Kopenhagenerinnen und Kopenhagener noch gar nicht wissen. Sie interessiert etwas anderes: Wie schwer dem Eremiten von Kopenhagen sein persönliches Entweder – oder gefallen ist. Wörtlich bekennt er: »Verheirate dich, du wirst es bereuen; verheirate dich nicht, du wirst es auch bereuen.«

Abälard und Heloise, Dante und Beatrice, Petrarca und Clara: Alle grossen Liebesgeschichten Europas haben im Zölibat stattgefunden. Und jetzt noch Sören und Regine. Staunend erleben die Kopenhagenerinnen, wie eine der ihren sich zu Kierkegaards Beatrice entwickelt. Durch alle seine Bücher zieht sich, kaum verschlüsselt, die unerfüllte Sehnsucht nach Regine.

Bis es einem zuviel wird. Er heisst Fritz Schlegel. Das ist ein hoher dänischer Beamter. Er ist der Mann, der die sitzengelassene Regine inzwischen geheiratet hat. Dass die Kopenhagener seine Regine gar nicht als seine Gattin wahrnehmen, sondern als Kierkegaards zölibatäre Muse, dies ärgert Fritz so, dass er seine Versetzung beantragt: als Gouverneur auf eine damals dänische Insel in der Karibik. Am Arm ihres Gatten verschwindet Kierkegaards Muse über den Atlantik. Wird ihm jetzt die Inspiration fehlen?

Nein. Denn es gibt eine zweite Gestalt, die ihn fesselt. Keine Muse, sondern eine Schreckgestalt: Jakob Peter Mynster, der Bischof von Kopenhagen. Kein Name erscheint in Kierkegaards Werk so häufig wie dieser. Persönlich verkörpert er den Verrat einer verspiesserten, staatlich beamteten Geistlichkeit am Evangelium Jesu Christi. Kierkegaard spottet:»In der prachtvollen Domkirche erscheint der hochwohlgeborene, hochehrwürdige Geheime-General-Ober-Hof-Prediger (...) und predigt gerührt über die von ihm selbst ausgewählte Bibelstelle: ›Gott hat das Geringe und das Verachtete in der Welt erwählt.‹ – Und niemand lacht.«

Niemand ausser Kierkegaard. Wer soviel spottet wie er, muss allerdings damit rechnen, dass auch über ihn gespottet wird. Im»Corsaren«, im meistgelesenen dänischen Witzblatt, wird Kierkegaard als buckliger, krummer, dünnbeiniger Spinner dem Gelächter des Pöbels preisgegeben. Es hat ihn masslos getroffen. Warum?

Zwei Vorbilder habe er, sagt Kierkegaard selbst: Jesus und Sokrates. Wie Sokrates auf den Strassen Athens, so hat Kierkegaard auf den Strassen Kopenhagens das Gespräch mit allen gesucht. War er ein Eremit? Ja, aber ein Eremit, der nach seiner eigenen Schätzung täglich mit etwa fünfzig Personen auf der Strasse redete. Jetzt pfiff und johlte der Pöbel von Kopenhagen um den buckligen Theologen herum. In, wohlgemerkt, theologischen Streitschriften wird Kierkegaard als

»Hurenjunge« tituliert. Er selber verliert in seinem Spott gegen die verheiratete Geistlichkeit jedes Mass.

Im Herbst 1855, im Alter von 42 Jahren, bricht Kierkegaard auf offener Strasse zusammen. Fünf Wochen später stirbt er. Sein von Kind auf schwächlicher Körper war zusammengebrochen unter dem enormen schriftstellerischen Werk, das er in wenigen Jahren vollbracht hat. Und unter einer kirchlichen Polemik, deren Heftigkeit zum Schluss unerträglich war. Unlängst habe ich Kierkegaards Grab in Kopenhagen ein letztes Mal besucht. Es kam mir verlassen vor, verwahrlost fast. Vielleicht ist das gut so. Sören Kierkegaard darf nicht wiederkehren, auf gar keinen Fall. Denn Kierkegaard stört. Käme er wieder, seine Botschaft wäre heute noch viel störender als zu seiner eigenen Zeit: Entweder – oder. Christentum ist keine Sache für Spiesser. Christentum ist das Gegenteil. Entweder – oder: Wer sich entscheidet für die Nachfolge Jesu Christi, der entscheide sich für den Zölibat.

5. Stück
Der weisse Elefant im Vatikan

*Worin wir die Frage, wer schuld war
an der Reformation, ganz neu stellen*

Warum eigentlich war Papst Leo X so vernarrt in seinen weissen Elefanten? Kaum hatte das Konklave am 1. März 1513 den 37jährigen Florentiner gewählt, lieferten sich alle christlichen Herrscher Europas einen lebhaften Wettstreit: Wer würde, um dem neuen Papst zu huldigen, die schöneren Geschenke nach Rom entsenden? König Manuel von Portugal übertraf alle. Aus Afrika, aus Asien und Amerika, aus all den sagenumwobenen Ländern, welche die portugiesischen Seefahrer gerade erst entdeckt hatten, stellte er für den neuen Papst eine Schiffsladung exotischer Pflanzen und Tiere zusammen. Zuoberst, auf dem Deck festgezurrt, etwas, was europäische Augen seit über tausend Jahren nicht mehr gesehen hatten. Ein weisser Elefant! Ein junger weisser Elefant aus Indien!

Als er, wunderschön geschmückt, über die Engelsbrücke zum Vatikan zog, geschah etwas Staunenswertes. Unter dem Jubel des römischen Volkes begann der weisse Elefant vor dem Papst zu tanzen. »Graziler als es ein Mensch vermöchte«, so schildert es der Dichter Malaspina. Dreimal trompetete er gewaltig. Dann senkte er das Haupt und kniete vor dem Oberhaupt der Christenheit demütig nieder. Leo X war gerührt. Begeistert war er. Und er gab seinem Elefanten den Namen Hanno.

In diesem Papst, schreibt der Historiker Silvio Bedini, habe sich die Entdeckerfreude der Hochrenaissance verkörpert. Er war ja ein Medicäer, ein Sohn von Lorenzo dem Prächtigen aus Florenz. In die neuentdeckte antike Literatur vertiefte er sich genauso leidenschaftlich wie in die neuen schöpferischen Aufbrüche der italienischen Malerei und Musik. Am meisten aber fesselten diesen Papst die Berichte über die epochalen Entdeckungen portugiesischer Seefahrer.

Seit Vasco da Gama das Kap der Guten Hoffnung umschifft hatte, gelang den Portugiesen an den Küsten Afrikas und Asiens eine Entdeckung, eine Eroberung nach der andern. In Indien, in Malaya waren sie gelandet, nach den Häfen Chinas setzten sie ihre Segel. Brasilien hatten sie erobert, schon warfen sie vor der Küste Nordamerikas ihre Anker. Es gab die spanische Konkurrenz, gewiss. Dennoch war es keine eitle Träumerei, wenn König Manuel in seinen Briefen aus Lissabon nach Rom ein portugiesisches Weltreich ankündigte.

Was der König in Lissabon hoffte, das hoffte, viel inständiger noch, der neue Papst in Rom. Seit dem Mittelalter war die Christenheit von den Muslimen regelrecht eingekesselt. Gewiss waren die Araber in Spanien zurückgedrängt, dafür war Konstantinopel gefallen. In Venedig wünschte man sich Gutenacht mit den Worten: »Morgen früh kräht der Hahn auf türkisch.«

Jetzt hatten die Portugiesen den muslimischen Belagerungsring gesprengt. Nicht nur für den Handel mit Gewürzen, mit Seide und Edelsteinen. Würden Afrika, Asien und Amerika portugiesisch, so würde die Welt christlich. Das war die portugiesische Vision des neuen Papstes. Als jetzt der weiße Elefant in Rom vor ihm niederkniete, da erfasste Leo X ein Hochgefühl, als bäte die ganze neuentdeckte Welt um seinen, den päpstlichen Segen.

Böse Zungen in Rom – und es gab in Rom nur böse Zungen – sahen es etwas anders. Dass der Papst Hanno in seinem Gehege auf dem Vatikanhügel täglich besuchte, um auf fast kindliche Weise seinen Spass mit ihm zu treiben, soviel Sympathie, meinten viele, habe ihren Grund nur darin, dass sich die beiden, der Papst und sein Elefant, verblüffend ähnlich seien. Ganz körperlich.

Papst Leo X hat ja anders ausgesehen, als Raffael ihn auf seinem berühmten Gemälde dargestellt hat. Sitzend zwischen zwei stehenden Kardinals-Nepoten wirkt er dort fast so kräftig wie sein Vorgänger, Julius II. In Wirklichkeit war der Medicäer-Papst ein Mann von weichlicher Körperlichkeit, mit 37 Jahren schon so aufgedunsen, dass ihn am späten Morgen, wenn er endlich aufstand, zwei Diener mühsam aus dem Bett heben mussten. »Leo« wollte Giovanni de Medici genannt werden. Doch einem Löwen glich dieser Leo nicht. Wenn es für seine tollpatschige Erscheinung ein Tier-Symbol gab, war das der Elefant.

Seiner Körperlichkeit entsprechend war Leo X ein melancholischer Charakter. Gerade deshalb war er überzeugt, dass nur immerwährendes Vergnügen ihn bewahren könne vor einem frühen Tod. »Gott«, sagte er nach der Papstwahl zu seinem Bruder Giuliano, »Gott hat uns das Papsttum geschenkt, lasst es uns geniessen.«

In seiner klassischen Geschichte der Renaissance schildert Jacob Burckhardt, wie unter Leo X der päpstliche Palast von Gesang und Saitenspiel Tag und Nacht wundersam ertönte. Ein Taumel des Lebensgenusses war das, der die gesamte Stadt ergriff. Wie hatten die Römer das strenge Regiment, wie hatten sie die Reformen Julius II gehasst. Mit dem Papst aus Florenz kehrte das süsse Leben der Renaissance zurück. Begeistert waren die Römer von Leo X. Die Römerinnen auch.

Aus ganz Italien strömten an Leos Hof die besten Künstler –
ein Bramante, ein Raffael, ein Michelangelo –, die schlechtesten Künstler allerdings noch mehr; die besten Schriftsteller,
die schlechtesten allerdings noch mehr, die Theaterleute, die
Tänzer, die Musiker, die Musikanten, die Spassmacher und
Scharlatane. In seiner masslosen Grosszügigkeit füllte der neue
Papst allen die Taschen. Da er jung war und man mit einer
langen Regierungszeit rechnete, verbreitete sich in Rom eine
märchenhafte finanzielle Aufbruchs-Stimmung, vergleichbar
nur, Jahrhunderte danach, dem italienischen Glücksgefühl bei
der Einführung des Euro. Binnen weniger Monate machten in
Rom dreissig Filialen von Florentiner Banken auf.

Und dann, nach drei Jahren schon, das jähe Menetekel.
Hanno, der glückbringende weisse Elefant des Papstes, wurde
krank. Er leide, hiess es, an Verstopfung. Die besten Ärzte
Roms rief der Papst eilends herbei. Untröstlich wich er selber
nicht mehr von Hannos Krankenlager. Als Heilmittel gegen
die Verstopfung liess er ihm eine grosse Menge Gold einflös-
sen. Es ist anzunehmen, dass der junge Elefant eben daran, an
zuviel päpstlichem Gold, am 8. Juni 1516 gestorben ist. Nur
sieben Jahre alt war er geworden.

Seit den Tagen der Borgias sassen in Rom an manchen
Strasseneeecken selbsternannte Bussprediger. In härenen Rö-
cken, finsteren Gesichts, riefen sie auf das päpstliche Sündenbabel das göttliche Strafgericht herab. Unter ihnen jetzt,
besonders gruselig, ein Fra Bonaventura. Mit wilden Gesten
und noch wilderen Worten deutete er den Tod des Elefanten
als göttliches Vorzeichen für den baldigen Tod dieses Papstes.
Leo X, ein abergläubischer Mensch, ward von Panik erfasst.

Dafür gab es noch einen zweiten Grund. Sein energischer
Vorgänger, Julius II, hatte die chaotischen Finanzen des Va-

tikans in Ordnung gebracht und ihm beträchtliche Reserven hinterlassen. In nur drei Jahren hatte er alles verschleudert. Er, von dessen Gönnerlaune so viele profitiert hatten, musste jetzt all sein Hab und Gut, von den Teppichen im Vatikan bis zu den Juwelen der päpstlichen Krone, verpfänden. In Florenz sagte es ein Bankier dem andern: Der Heilige Vater stand vor dem Bankrott. Was tun?

Leo X, ein Mensch, der allen Problemen aus dem Weg ging, überliess auch diesen Ärger seinen Kardinal-Nepoten. Denen fiel nichts weiter ein als noch mehr Pfründen und noch mehr Ablässe. Ludwig von Pastor, der grosse Papsthistoriker, hat 2150 »käufliche Pfründen« gezählt, käuflich deshalb, weil der neue Pfründeninhaber sein Amt, bevor es ihm selber etwas brachte, von Leo X für Tausende von Dukaten bar kaufen musste.

Und die Ablässe? Dafür eilte der hochverschuldeten Kurie ein deutsches Verkaufsgenie zu Hilfe: der Ablassprediger Johannes Tetzel.

»Wenn das Geld im Kasten klingt,
Die Seele aus dem Fegfeuer springt.«

Tetzel gilt heute als einer der grossen Schurken der christlichen Geschichte. Zu Unrecht wohl. Wenn er im Auftrag von Bischöfen und Papst in seiner sechsspännigen Kutsche durch die Lande galoppierte, trat er zum Verwechseln ähnlich auf wie heute die grossen Stars der deutschen Fernseh-Unterhaltung. So volksnah, so erfolgreich auch.

Bis es einem zuviel wurde.

Oft ist darüber spekuliert worden, wie es Martin Luther ergangen wäre, hätte in Rom noch Julius II regiert, dieser tatkräftigste aller Päpste. Leo X jedoch war ein anderer Charakter. Als seine beste Eigenschaft bezeichnen alle seine erlesene Freundlichkeit, seine Fähigkeit, auf andere einzugehen. Jahrelang gab er seinen Prälaten den Auftrag, mit Luther das Gespräch zu suchen, die Verständigung. Doch bei diesem deutschen Wahrheitsapostel war er, der italienische Genussmensch, ganz an den Falschen geraten. Während Leo die Rebellion in Wittenberg einfach wegblendete, sie abtat als »deutsches Mönchsgezänk«, griff Luther ihn in immer groberen, schonungsloseren Pamphleten an als »Antichrist im Vatikan«. Vergeblich beschwor der Humanist Aleander, ein Kenner Deutschlands, Leo X, die Hiobsbotschaften aus dem Norden ernst zu nehmen. Neun von zehn Deutschen stünden schon auf Luthers Seite. Der Papst müsse handeln. Es sei schon fast zu spät.

Handeln? Leo X und handeln? Längst gewohnt, allen lösbaren Problemen aus dem Weg zu gehen, überliess er das zunehmend unlösbare deutsche Problem seinen Nepoten. Aber hat er nicht schliesslich doch die Bannbulle »Exsurge Domine« gegen Martin Luther geschleudert? Na ja, »schleudern« ist bei Leo X ein grosses Wort. Auch diese fatale Bulle war nicht sein Werk, sondern das seines mächtigsten Nepoten, Giulio de Medici, der später, als Clemens VII, selber Papst wurde. Leo hat sie nur, auf seinem Landschlösslein Magliana, zwischen zwei vergnügten Partien, unterzeichnet.

So nahm das Unheil, das die römischen Busaprediger beim Tod des Elefanten auf den Papst herabgeschworen hatten, unerbittlich seinen Lauf. Schon im November 1521 überfiel ihn ein Schüttelfrost, den seine Ärzte als harmloses Fieber abtaten. Ein paar Tage später verlor er das Bewusstsein. Am 1. Dezember 1521 war Giovanni de Medici tot. Nur 46 Jahre alt ist er geworden. Neun Jahre hat regiert.

Im deutschen Gedächtnis lebt Leo X weiter als der Papst, der schuld ist am Ablass-Skandal und am Debakel der Glaubensspaltung. Das ist im schlimmsten Fall die halbe Wahrheit. Mehr als der Papst der Deutschen war Leo der Papst der Portugiesen. Längst ist Portugals Macht und Glorie vergangen. Umso mehr fällt auf, dass heute von 1,2 Milliarden Katholiken mehr als die Hälfte in jenen Ländern, auf jenen Kontinenten leben, deren Eroberung sich einst der König in Lissabon und der Papst in Rom gemeinsam vornahmen. Und kam in unseren Tagen ein deutscher Papst nach Afrika gereist, nach Asien, nach Amerika, so schlug ihm keineswegs ätzende Säuernis entgegen wie in seinem eigenen Land. Ein Fest wurde Benedikt XVI dort bereitet, so herzlich und so heiter wie damals, als Hanno, der weisse Elefant aus Indien, Papst Leo X in Rom zum ersten Mal die Reverenz der ganzen Welt erwies.

6. Stück
Kein feste Burg ist unser Gott
Worin wir einen Reformator kennen lernen,
der keine theologischen Sorgen hatte

An einem kalten Dezembertag des Jahres 1518 trat vor die 24 Chorherren des Grossmünsterstifts zu Zürich der Kandidat Ulrich Zwingli, um sich für das Amt des »Leutpriesters«, das heisst des Gemeindepfarrers und Predigers am Grossmünster zu bewerben. Das Grossmünster war zwar keine Bischofskirche, keine Kathedrale, aber es war doch die wichtigste Kirche in Zürich und somit so etwas wie die Hauptkirche der Alten Eidgenossenschaft. Verständlich, dass die Zürcher Chorherren den Kandidaten Zwingli auf Herz und Nieren prüften.

Seine humanistische Bildung erntete allgemeines Lob, auch seine vaterländische Gesinnung, seine tapfere Teilnahme an den italienischen Kriegen. Schon schien die Wahl gesichert, da bat, im letzten Augenblick, ein Chorherr nochmals ums Wort. Es seien sich wohl alle einig, dass als Prediger am Grossmünster nur ein sittenreiner Priester in Frage komme. Ihm sei aber zu Ohren gekommen, dass der Kandidat Zwingli als Prediger in Einsiedeln eine Jungfrau verführt habe, und zwar die Tochter eines angesehenen Bürgers.

Eine Weile herrschte betretene Stille. Dann erhob sich Chorherr Utinger mit der Frage, was für eine Frau es denn gewesen sei, ob wirklich eine Jungfrau. Ulrich Zwingli schüttelte den Kopf. Ob denn wirklich die Tochter eines angesehenen Bürgers? Wieder schüttelte Zwingli den Kopf. Ja was für eine Frau es denn gewesen sei. »Es war«, sprach Ulrich Zwingli, »die Tochter eines Friseurs.«

Ein ungeheurer Seufzer der Erleichterung ging durch das Chorherrenstift von Zürich. Ja wenn das so war. Wenn das nur die Tochter eines Friseurs war. Und mit überwältigender Mehrheit wählten die Chorherren von Zürich Ulrich Zwingli zum Leutpriester am Grossmünster.

Über die Tochter eines Friseurs abschätzig zu urteilen, mag unchristlich sein; mindestens so unchristlich wäre es auch, über einen Geistlichen abschätzig zu urteilen, weil er, wie Ulrich Zwingli den Chorherren freimütig gestand, mit dem Zölibat nicht zurechtkam. In ihm hatte das Grossmünsterstift einen ausgezeichneten Priester gewählt, einen »Leutpriester« in des Wortes bester Bedeutung.

Wie Martin Luther war Ulrich Zwingli ein Bauernsohn. Aber nicht aus dem gleichen Bauerntum. Zum Untertan war Martin Luther von seinem Vater erzogen worden, Ulrich Zwingli zum aufrechten Gang: Sein Vater, ja schon sein Grossvater waren Ammänner, das heisst, sie führten das Siegel einer Gemeinde von freien, selbständigen Bauern im Toggenburg. Und während Martin Luther sich später hinter Klostermauern quälte, genoss Zwingli an den aufgeklärtesten Universitäten jener Zeit, in Wien und Basel, das Leben bei Saitenspiel und Becherklang.

Ein bisschen hat er auch Philosophie studiert. Dann, als er 22 war, kaufte ihm sein Vater die grosse und einträgliche Pfründe eines Leutpriesters von Glarus. Erst nach dem Kauf dieser Pfründe liess er sich in Konstanz noch, raschrasch, zum Priester weihen.

Ein doppelter Unterschied also im Vergleich zu Luther: Ulrich Zwingli war nicht nur keine Mönchsnatur, er hat auch, obwohl Priester, niemals Theologie studiert. Theologische Sorgen wie Martin Luther wird er sein ganzes Leben lang nicht haben. Wie konnte ein solcher Mann zum Reformator werden?

Einem alten schweizerischen Kommunisten habe ich einmal die Frage gestellt, wie das marxistische Dogma in seinen Kopf gekommen sei. Spöttisch sah er mich an:»In meiner Jugend hatte der Kommunismus nichts mit Dogmen im Kopf zu tun. So augenfällig war das Elend der Arbeiter. Es genügte, Augen im Kopf zu haben und ein Herz im Leib.«

Augen im Kopf und ein Herz im Leib: Als Leutpriester von Glarus hatte Ulrich Zwingli die Jugend seiner Gemeinde in jene italienischen Kriege zu begleiten, in die sich die jungen Schweizer mit der Regelmässigkeit eines Kehrreims stürzten, sobald es am Gotthard taute:

>»Es will ein lustiger Sommer werden –«

>»S'wott öppe en luschtige Summer gäh,
> Die Buebe salbe d'Schueh,
> Mit Trummle und mit Pfyffe
> Wänd sie nach Mailand zue.«

Mit Trommeln und mit Pfeifen zog Ulrich Zwingli mit in den glänzenden Sieg von Novara und in die schauderhafte Niederlage von Marignano. Mit eigenen Augen sah er, wie aus den lustigen Buben, die aus Glarus aufgebrochen waren, Banditen wurden, die mordend, sengend, plündernd durch die italienischen Dörfer zogen, wie die meisten dann auf den Feldern vor Marignano verbluteten, und wie die wenigen Überlebenden nichts anderes über den Gotthard heimbrachten als die Syphilis.

Aus Erschütterung über das erlebte Elend des Krieges geriet Ulrich Zwingli, nach der Heimkehr aus Marignano, in den »Erasmischen Kreis«. Das war die Friedensbewegung des 16. Jahrhunderts. Erasmus, ein in Basel lebender Niederländer, hatte in seinem Buch »Klage Christi über den Menschen« die These aufgestellt, Christentum sei, ganz schlicht, das Gegenteil von Krieg. Und das Evangelium sei, ebenso schlicht, eine Anleitung zum sozialen und politischen Frieden. Diese These aus Basel versetzte die kritischen Geister der Eidgenossenschaft in gärende Unruhe. Der alte schweizerische Staat war ja ein einziges Kriegsunternehmen. Wie von einer Industrie lebte die Schweiz vom Krieg – viel mehr als heute von ihren Banken. Die jungen Leute verkauften sich als »Reisläufer«, als Söldnerhaufen, entweder an den König von Frankreich oder an den Papst, wenn sie nicht auf eigene Rechnung plündernd durch die Lombardei, durch Oberschwaben oder durchs Elsass zogen. Noch der letzte Zittergreis »uf em Bänkli vor em Huisli« lebte vom Krieg, weil Papst, König und Kaiser, um sich die begehrten schweizerischen Jünglinge zu sichern, an die alten Schweizer regelmässige Bestechungsgelder zahlten, sogenannte Pensionen.

So war jeder schweizerische Stand (so hiessen damals die Kantone) in drei Parteien aufgeteilt: Die französische Partei lebte vom französischen Krieg, die kaiserliche Partei lebte vom kaiserlichen Krieg, und die päpstliche Partei lebte vom päpstlichen Krieg. Frieden schaffen ohne Waffen, das hiess die ganze Alte Eidgenossenschaft auf den Kopf stellen.

Dafür aber war Erasmus nicht der richtige Mann. Der Basler war ein weinerlicher Mensch. Alle vier Wochen hatte er einen grossen Schnupfen. Während Erasmus in Basel nur Bücher schrieb, schritt Ulrich Zwingli in Zürich zur Tat.

Gleich eine doppelte Revolution hatte er im Sinn, als er die Stelle am Grossmünster antrat: Abschaffung des Söldnertums und Abschaffung der Pensionen. Dass er, ganz nebenbei, auch den katholischen Hokuspokus abschaffen wollte, lag nicht daran, dass ihm, wie Luther, neue Erleuchtungen in puncto Gnade zuteil geworden wären. Ihm schien lediglich, dass der klerikale Aberglaube die Leute daran hindere, die Friedensbotschaft des Evangeliums unmittelbar zu vernehmen.

Und wie er anderes im Sinn hatte als Martin Luther, so ging Ulrich Zwingli auch anders vor. Bei Luther fing ja alles an mit einem ungeheuren Paukenschlag, dafür endete aber auch alles in einem ungeheuer faulen Kompromiss mit den Landesfürsten. Bei Ulrich Zwingli kommt der Paukenschlag am Schluss: Er ist der einzige Reformator, der für seine Sache in den Tod gegangen ist. Der Kompromiss dagegen steht am Anfang. Und es war kein fauler Kompromiss, sondern eidgenössische Bauernschläue, mit der sich Zwingli in Zürich durchsetzte – Schritt für Schritt, mit vielen Rückziehern, stets darauf bedacht, mit den Leuten zurechtzukommen.

Um das Kriegswesen abzuschaffen, spielte er erst die päpstliche Partei in Zürich erfolgreich gegen die französische Partei aus, so dass der wichtigste Soldvertrag, der mit dem König von Frankreich, nicht mehr unterzeichnet wurde. Erst nach jahrelanger Predigt, erst nach jahrelanger praktischer Erfahrung, als den Zürchern klargeworden war, welche Vorteile es für den Handel und das Gewerbe der Stadt brachte, wenn die jungen Leute nicht mehr wegliefen in den Krieg, sorgte Ulrich Zwingli dafür, dass auch der Papst keine Krieger aus Zürich mehr bekam. Auch das im taktisch klügsten Augenblick, als nämlich die Zürcher böse waren über den Papst, weil er wieder einmal seine Schulden nicht bezahlt hatte.

Genau soviel Rücksicht auf die zögernde Mentalität des Volkes nahm Zwingli bei den kirchlichen Reformen. Als er die Klöster abschaffte, hob er zuerst das Fraumünsterstift auf. Das war ein Kloster, in dem nur eine einzige Nonne sass, die überdies selber rauswollte. Beim schlechtesten Willen konnte niemand etwas dagegen haben. Ähnlich setzte er dem Reliquienkult ein Ende. Streng verbot er jede Schändung der heiligen Gebeine und ordnete statt dessen an, dass die Heiligen, wie alle Christen, endlich anständig begraben werden müssten. Und so wurden die Reliquien überall im Staate Zürich feierlich und schön beerdigt. Mit Requiem aeternam dona eis Domine et lux perpetua luceat eis.

Auf diese Weise gelang es Ulrich Zwingli, seine doppelte Revolution über Zürich hinaus in fast allen eidgenössischen Städten durchzusetzen: in Basel, Bern, Schaffhausen und Sankt Gallen. Er scheiterte aber damit in den Waldstätten, den innerschweizerischen Gebirgsstaaten. Und das aus einem elementaren Grund: In den Städten war ein unternehmerisches Bürgertum vorhanden, dem die evangelische Friedenspolitik passte, weil sie Handel und Gewerbe förderte. Die Innerschweiz dagegen hatte kaum Handel oder Gewerbe. Ohne die Kriegsindustrie konnte sie nicht leben. Sie wollte katholisch bleiben, weil sie sich den Protestantismus nicht leisten konnte.

Ulrich Zwingli, sonst so einsichtig, hat das nicht verstanden. Über diesem Gegensatz ist er zum Kriegspolitiker geworden. Auf seiner Kanzel in Zürich hat er die schweizerischen Protestanten in den Bürgerkrieg gehetzt, um den katholischen Waldstätten die evangelische Friedensordnung mit dem Schwert aufzuzwingen.

Der Gott der Heerscharen war mit den Katholiken. Zwingli selber, der, seiner Gesinnung entsprechend, als gemeiner Soldat in den Krieg gezogen war, fiel 1531 in der Schlacht bei Kappel schwerverwundet in katholische Hand. Ob er jetzt nicht doch beichten wolle, wurde der Reformator höhnisch gefragt. Dann wurde er enthauptet, geviertelt und verbrannt. Und damit die Protestanten auch die Reste des Reformators nicht verehren konnten, vermengten die Katholiken die Asche Zwinglis mit der Asche einer Sau.

Doch es liegt nicht an der Leichenschändung von Kappel, dass Zwinglis Botschaft durch die Jahrhunderte viel weniger beachtet worden ist als die Botschaft Martin Luthers. Das hat einen ganz anderen Grund. Ich habe mich oft gefragt, was eigentlich schlimmer gewesen sein muss in der Reformationszeit, die katholische Kirche gegen sich zu haben oder Martin Luther. Die katholische Kirche mit ihren Scheiterhaufen oder Martin Luther mit seinem grossen Maul. Das Schlimmste war wohl, beide gegen sich zu haben. Ulrich Zwingli hat beide gegen sich gehabt.

Luther und Zwingli, das waren zwei Männer von so gegensätzlichem Charakter, dass sie gar nicht miteinander zurechtkommen konnten, als sie sich 1529 in Marburg trafen, um ihren Streit über das Abendmahl beizulegen. Seither, das heisst seit einem halben Jahrtausend, sorgt die ungeheure publizistische Lobby des deutschen Luthertums unentwegt dafür, dass Ulrich Zwingli, weit abseits von Martin Luther, gleichsam in einem blinden Fleck der Reformationsgeschichte, unbemerkt bleibt. Gemäss der ersten und wichtigsten These aus Wittenberg: »Ich bin der Herr, dein Reformator Martin Luther. Du sollst keine anderen Reformatoren neben mir haben.«

7. Stück
Eine englische Sommernacht mit Erasmus
Worin uns das Lachen im Halse stecken bleibt

Die ganze Nacht haben die beiden unter den Bäumen am Ufer der Themse gesessen und haben zusammen gelacht: der englische Humanist Thomas Morus und, aus Basel angereist, sein Gast, der niederländische Humanist Erasmus von Rotterdam. Das war im Sommer 1509. Woher die märchenhaft gute Laune der beiden grossen Geister in jener englischen Sommernacht?

Am Gast aus Basel kann sie kaum gelegen haben. Wohl gilt Erasmus als der glänzendste Gelehrte seiner Zeit. Doch war er auch schon der Prototyp des modernen Intellektuellen. Etwa alle vier Wochen, heisst es, litt Erasmus an einem ganz grossen Schnupfen. »Wenn ich abziehe«, jammerte Erasmus selber, »wieviel Zeit ich mit Gallenleiden, Blasenschmerzen und mit Gicht verbracht habe, dann währte mein Leben nicht lang.«

Zu seiner gekränkten Lebensstimmung beigetragen hat seine dunkle Geburt. Erasmus war der illegitime Sohn eines Priesters. Ein Aussenseiter von Geburt. Er selber wurde Augustiner in Gouda. Und war doch bald schon ein entlaufener Mönch. Jetzt lebte er in Basel, dem Zentrum der neuen Kunst des Buchdrucks. Allerdings brauchte auch in Basel niemand Erasmus zum Zölibat zu zwingen. Er war der geborene intellektuelle Single.

Thomas Morus war das Gegenteil: »Von Jugend auf«, schreibt Erasmus über seinen englischen Freund, »hatte er solche Freude am Spassmachen, dass man sagen könnte, er sei dazu geboren.« In ganz Europa, fährt er fort, gebe es »nicht einen Menschen, der liebenswürdiger, angenehmer und glücklicher wäre als Thomas Morus«. Dabei war der Engländer tief gläubig und fromm. Doch hatte er noch eine zweite Neigung: »puellarum amoribus«, der »Liebe junger Frauen« war Thomas Morus von früher Jugend auf so zugetan, dass er an den Zölibat gar nicht denken durfte. So wurde er Jurist, Schriftsteller, Staatsmann.

In dem wunderschönen Landsitz von Thomas Morus, am Ufer der Themse bei London, haben die beiden ungleichen Freunde gesessen und haben so lange zusammen gelacht, bis endlich, im Morgengrauen schon, Lady Jane, die Gattin von Thomas Morus, aus dem Haus kam, die beiden grossen Geister an den Ohren packte, und sie, als wären es zwei dumme kleine Jungs, ins Bett steckte.

Bleibt die Frage, worüber die beiden so gelacht haben. Dumme Frage! Über die Dummheit haben sie so vergnügt gelacht, als wären sie selbst zwei dumme kleine Jungs. Über die Dummheit der Welt, über die Dummheit der Kirche, über ihre eigene Dummheit gar. Dass wir das wissen, verdanken wir Erasmus von Rotterdam. Noch in London selbst hat er die nächtlichen Spässe an der Themse verdichtet zu einem Büchlein mit dem Titel »Encomium Moriae«. »Lob der Dummheit«, »Lob der Torheit« heisst das. Ebenso gut kann man es übersetzen mit »Huldigung an Thomas Morus«. Mit 83 Randzeichnungen von Hans Holbein fabelhaft geschmückt, wurde es, unter humanistisch Gebildeten, zum meistgelesenen Buch der letzten Jahre vor der Reformation.

Vom ersten Satz an steigt die Torheit höchstselbst vor aller Augen auf die Kanzel hoch und tut, was sie allein meisterhaft kann: Die Dummheit lobt sich selbst.

»Mögen die Menschen in aller Welt von mir sagen,
was sie wollen – weiss ich doch, wie übel von der Torheit
auch die ärgsten Toren reden –, es bleibt dabei: mir, ja mir
allein haben es Götter und Menschen zu danken, wenn
sie guter Laune sind.«

Warum denn wird alle Welt fröhlich, wenn kein Gelehrter aufs Podium steigt, sondern ein Hanswurst? Warum sagt selbst der weise Sophokles:»Die Torheit ist des Lebens schönster Teil«?

»Warum? Weil nichts süsser ist, kostbarer als das Leben an
sich. Aber dass es entsteht, wem verdankt ihr das ausser mir,
der Torheit? Was meint ihr denn, ist es der Kopf, das Gesicht,
die Brust, kurzum ein sogenanntes edles Glied des Körpers,
das Göttern und Menschen das Leben schenkt? Ich denke
nein. Es ist ein derart tölpelhaftes Etwas am Körper des
Mannes, dass ich es, ohne zu lachen, gar nicht nennen
könnte. Aber dieses tölpelhafte Etwas ist der wahre heilige
Quell, aus dem ihr alle euer Leben schöpft.«

Aus Torheit geboren, entwickelt sich das menschliche Leben nur da gesund und glücklich, wo es dem Prinzip Torheit treu bleibt:

»Warum ist der Mensch nie wieder so fröhlich und der
Liebling aller, wie in der ersten Kindheit? Nun, was an

den Kleinen tut es uns denn so an, dass wir sie abküssen
und herzen und liebkosen? Ist es nicht der verführerische
Reiz kindlicher Torheit? Und erst die Jugend!«

Ist es nicht das höchste Glück des Lebens, wenn Mann und
Frau jugendfroh beieinander liegen und einander gar nichts
anderes mehr ins Ohr flüstern als lauter dummes Zeug?
Und wie sie glücklich macht, die Dummheit, so macht sie
auch gesund:

»Es tut halt so sauwohl, keinen Verstand zu haben, dass die
Sterblichen um Erlösung von allen möglichen Nöten lieber
beten, als um Befreiung von der Dummheit.«

Schaut euch jetzt die Männer an, auf welche die Völker stolz
sind! Die Helden schaut euch an, die alle Dichter seit Homers
Tagen hoch preisen und besingen!

»Ja glaubt ihr denn, dass so ein schmalbrüstiger Gelehrter
zum Kriegerhandwerk taugt? Nein! Stramme, stämmige
Kerle, das sind die rechten Helden, möglichst frech und
möglichst dumm.«

Wie aber, wenn die Torheit nicht nur die grossen Helden hervor-
brächte, sondern auch die grossen Gelehrten und Schriftsteller?

»Was ist das überhaupt, ein intelligenter Schriftsteller?
Das ist einer, der sich ohne Ende quält: mit Einfügen,
Abändern, Ausstreichen, Neuschreiben, Umschreiben,
Weglegen und Ratholen. Neun Jahre lässt er das Ding
still reifen. Nie kommt er zu einem Ende.«

So wird das Buch des Intelligenten immer schlechter. Zum Schluss ist es unlesbar.

»Wieviel besser, glaubt mir, macht es doch der Dumme.
Er schmiert hin, was ihm in die Feder läuft,
ganz wie ihn die Lust überkommt.«

Weil sie so munter geschrieben sind, lesen sich die vielen Bücher, die der Dumme schreibt, alle lebendig, spannend, ja witzig. Ein Bestseller wird das nach dem andern:

»Kommt doch das Mieseste stets am besten an. Denn die
Mehrheit der Menschen ist eingeschworen auf Dummheit.«

Und wie sie die Welt regiert, so herrscht die Dummheit auch in der Religion:

»Sagt, wie nennt der Herr die Seinen? ›Schafe‹ nennt er sie.
Wo doch das Schaf nach Aristoteles das allerdümmste
Tier ist. Was aber würde, ohne all die Schäflein aus den
Hirten, welche sie scheren? Was würde ohne mich, ohne
die Torheit, aus dem ganzen Römischen Stuhl?«

Klassische antiklerikale Häme. Sie scheint der Torheit besonders zu liegen. Bis sie plötzlich merkt, dass sie ihr Thema zu billig verschenkt.

»Nein, es ist nicht meine Absicht, das ganze Tun und Lassen
der Päpste und Priester durchzunehmen, sonst sieht es am
Ende aus, als wollte ich Stoff für eine Satire sammeln.
Dabei wollte ich doch eine Lobrede auf mich selber halten.

Da ich aber lange und intim mit den Theologen zusammen war, will ich jetzt durch nichts anderes als die Worte der Heiligen Schrift beweisen, dass mir, der Torheit, Ehre zusteht und Lob.«

Zuerst das Alte Testament:

»Wer sich Weisheit erwirbt«, sagt König Salomon, »erwirbt sich Kummer, und in der Fülle des Wissens liegt eine Fülle an Schmerz.« Und wiederum sagt Salomon der Weise: »Dort, wo die Traurigkeit ist, da ist das Herz des Weisen; das Herz des Toren aber ist dort, wo die Freude ist.«

Und jetzt das Neue Testament:

»Nichts als Torheit, schreibt der Apostel Paulus, ist das Kreuz Jesu Christi für die Gescheiten der Welt. Doch nicht für sie, nicht für die Gescheiten sei das Evangelium, im Gegenteil: ›Was töricht ist vor der Welt, das hat Gott erwählt.‹«

Scheinbares Lob und somit Satire oder, weit darüber hinausreichend, echtes Lob der Torheit? Ein höchst zweideutiges Büchlein ist das »Lob der Torheit«. Vielleicht weil es hervorgegangen ist aus dem Gelächter zweier höchst ungleicher Geister. Der bittere Spott des Erasmus spricht daraus, die Verzweiflung des Intelligenten über die Weltherrschaft der Dummheit, zugleich aber auch der tiefgründige religiöse Humor, die heitere Lebensweisheit des Thomas Morus, sein Wissen, dass es in der Liebe wie in der Religion besser ist, die Intelligenz hintanzustellen. »Encomium Moriae«, diesen Titel, den man auch mit »Huldigung an Thomas Morus«

übersetzen kann, hat Erasmus für sein Büchlein aus gutem Grund gewählt.

Andere Humanisten dachten gar nicht daran, nach England zu reisen. Von Italien schwärmten die andern alle. Waren nicht die antiken Manuskripte, die antiken Ruinen alle in Italien? Warum nur zog es Erasmus, dem Geschmack der Zeit ganz entgegen, immer wieder nordwärts an die Themse?

Weil der Niederländer Erasmus und der Engländer Thomas Morus beide das Gleiche wollten. An ein Christentum mit Verstand haben sie beide geglaubt. An eine Religion, die fähig ist, über sich selbst zu lachen. Weggelacht haben sie in jener englischen Sommernacht die Dunkelmännerei des Klerus, die finstere Korruption in Rom. Aber ob das Lachen der Intelligenten genügt, um die Herrschaft der Dummheit zu brechen? Die erasmische Selbstironie, der Zweifel am eigenen Gelächter durchzieht das ganze Buch. Allzu nahe war die Stunde schon, in denen beiden das Lachen vergehen sollte.

Während Erasmus in Basel ein antikes Manuskript nach dem andern herausgab, stieg Thomas Morus in London auf zum Kanzler des Königs von England. Als aber Heinrich VIII, um seine Mätresse Ann Boleyn heiraten zu können, die Kirche Englands losriss von Rom, geriet Thomas Morus in ein ausweglöses Dilemma. So gern er selber den verwahrlosten römischen Stuhl mit Hohn übergossen hatte, dies billigte er nicht: dass der König von England aus der Willkür hemmungsloser Leidenschaft die Einheit der Kirche zerstörte. Als Märtyrer der katholischen Kirche stieg der lebenslustigste aller englischen Humanisten am 6. Juli 1535 aufs Schafott.

Der Hypochonder Erasmus hatte das Zeug zum Märtyrer nicht. Als in Basel der protestantische Bildersturm losging, zog er sich ins katholische Freiburg zurück. Wohl verstand

Erasmus besser als jeder andere, was Luther bewegte, doch war er gegen das, was Luther tat. Scharf verurteilte er die »seditio«, den Aufruhr, zu dem Luther anstiftete. Nicht Parteienhass, sondern Aufklärung in jedem einzelnen Kopf, das war es, was nach seiner Meinung die Christenheit brauchte. Und da er intelligenter war als Luther, sah Erasmus die verheerenden Folgen des lutherischen Aufruhrs voraus: die blutigen Glaubenskriege und, in Rom selbst, den Aufstieg einer katholischen Gegenpartei, die Luthers Aggression genauso aggressiv konterte. Und die auch, bald schon, humorlos genug war, das »Lob der Torheit« auf den Index verbotener Bücher zu setzen. So blieb Erasmus der katholischen Kirche treu, ging aber trotzdem wieder zurück ins evangelische Basel. Schon bald nach Thomas Morus ist er dort am 12. Juli 1536 gestorben.

Die kurze Blüte des humanistischen Witzes war vorbei. Die Stunde der Rechthaber und Ernstmacher hatte geschlagen. Uns bleibt das Lachen einer englischen Sommernacht: die »Huldigung an Thomas Morus«, das »Lob der Torheit« des Erasmus von Rotterdam.

8. Stück
Ein Federgewicht auf dem Stuhl Petri
Worin wir den Erfinder des Ökostroms
kennen lernen

Alle reden vom Ökostrom. Aber keiner weiss, wer ihn erfunden hat: Papst Leo XIII. Das 19. Jahrhundert ging schon zu Ende, er selber war auch schon fast neunzig Jahre alt, als Leo beim Gang durch die Vatikanischen Gärten vor seinem Lieblingsbrunnen, der Fontana dell'Aquila, sinnend stehenblieb. Seit langem war dieser Papst von technischen Erfindungen begeistert. Jetzt beschäftigte ihn Edisons Glühlampe. Vor der Fontana dell'Aquila kam ihm die zündende Idee. Und er gab die Anweisung, das Wasser dieses barocken Brunnens nutzbar zu machen für ein winziges Kraftwerk. Zwecks Elektrifizierung der päpstlichen Gemächer.

Am 2. März 1810 ist Leo XIII geboren. Schon aus der Zeit, als er noch Gioacchino Pecci hiess und Erzbischof von Perugia war, sind Predigten erhalten, in denen er die neuen Techniken seines Jahrhunderts preist: die Dampfmaschine, die Telegraphie. Am meisten begeistert hat ihn die Photographie.

In einem »carmen«, einem lateinischen Lied von klassischer Eleganz, hat er diese Erfindung besungen. Hier, in deutscher Übersetzung, wenigstens eine Strophe:

>*Vom scharfen Sonnenstrahl gemalt,*
>*Wie gibst du wieder, voll und treu,*

O herrlich Bild, der Sterne Glanz,
Der Züge Huld, der Augen Licht!«

Kein Wunder, dass sich dieser Papst selber gern der Kamera stellte. Unterschiedliche Bilder sind das, doch auf allen verblüfft das gleiche.

Da steht er, noch gar nicht Papst, im Kreis der Familie, der er entstammt. Ein Blick genügt, um zu erkennen, dass das eine abgesunkene Familie aus dem süditalienischen Provinzadel ist. So verbittert und finster blicken die Männer drein, so dumpf und misstrauisch die Frauen. Doch mitten drin einer, der anders ist. Nicht etwa in der Soutane hat er sich hingestellt, sondern im schwarzen Frack, mit eleganten hellen Beinkleidern, gertenschlank und in lockigem Engelshaar. Mit hellen Augen lacht er in die Kamera.

Jetzt ein zweites Bild: Schon über neunzig Jahre alt, sitzt Leo XIII, umgeben von seinen Kardinälen, auf dem päpstlichen Thron. Rings um ihn lauter dunkle Gewänder, lauter schwer geneigte Köpfe, lauter tiefernste Gesichter. Doch mittendrin einer, der, federleicht wie ein Knabe, mit seinem kindlich schmalen Körper den Thron der Päpste gar nicht ausfüllt. Schneeweiss die Engelslocken, feinziseliert die Züge, die Augen immer noch funkelnd von verspielter Intelligenz.

Wie konnte ein solches intellektuelles Federgewicht aufsteigen ins höchste Amt religiöser Macht?

Als Papst Pius IX, sein Vorgänger, 1878 starb, ging ein Aufschrei durch die Hauptstädte Europas: Nie wieder so etwas! Nie wieder Pius! Der Erzbischof von Prag, Fürst Schwarzenberg, damals Wortführer der deutschen Kardinäle, soll die Hände überm Kopf zusammengeschlagen haben: »Was hat Pius aus der Kirche gemacht!«

1864 hatte dieser Papst den »Syllabus« in die Welt gesetzt, eine eigentliche Kriegserklärung an Fortschritt und Demokratie. Darin verdammt Pius jeden, der es wagen sollte, folgendem Satz zuzustimmen: »Der Papst kann und muss sich mit dem Fortschritt, mit dem Liberalismus und mit der modernen Zivilisation versöhnen und verständigen.« Endgültig verrammelt in seiner reaktionären Wagenburg hat sich Pius dann 1870 mit der dogmatischen Proklamation, der Papst sei unfehlbar, nicht etwa als Organ der Gesamtkirche, sondern »ex sese«, unfehlbar »aus sich selbst«. Um zu zeigen, wie ernst er es meine, liess Pius in Rom selber seine politischen Gegner, insgesamt 366 Anhänger der Republik, aufhängen oder erschiessen.

Nie wieder Pius!

Natürlich war auch Schwarzenberg, der fürstliche Erzbischof von Prag, kein Linker. Was die meisten Kardinäle, die deutschen vor allem, nach all den Jahren finsterer Weltfeindlichkeit jetzt dringend wollten, war ein Papst mit religiöser Einsicht und Intelligenz. Mit Sinn für die Wirklichkeit. Schon im dritten Wahlgang war er gewählt. Nicht zufällig ein italienischer Freund des Prager Kardinals. Und er nannte sich Leo XIII.

Was aber war die Wirklichkeit des 19. Jahrhunderts?

Mit 37 schon war Pecci päpstlicher Nuntius in Belgien geworden. Die Augen liefen ihm über, als er in Brüssel zum ersten Mal eine Lokomotive sah. Und er bestieg den Zug nach Namur. »Wie ein Traum«, schrieb er begeistert heim nach Italien, seien Dörfer und Landschaften an ihm vorbeigehuscht – bei der traumhaften Geschwindigkeit »von zwanzig Meilen pro Stunde«.

Von sich aus unternahm er jetzt Reisen in die Industriegebiete Belgiens und Frankreichs, nach Deutschland auch. Begeistert war er von den neuen industriellen Techniken; unvergesslich aber prägten sich ihm die Bilder ein von der sozialen Verwüstung, die der Kapitalismus in Europa anrichtete.

»Rerum novarum«, das sind die Anfangsworte jener Enzyklika, die Papst Leo XIII 1890 veröffentlichen wird. Die »Mutter aller Enzykliken« ist dies. Weit über die katholische Kirche hinaus diskutierte die Welt das neue Lehrschreiben, in dem ein Papst sich mit der Autorität seines Amtes einsetzte für soziale Gerechtigkeit und für die Rechte der Arbeiterschaft. Es ist diese Enzyklika, die ihm den Ehrentitel »Arbeiterpapst« eintragen wird, und die seinen Ruhm bis heute begründet.

Dass unter Leo XIII das zuvor so verhasste Papsttum wieder aufstieg zu hohem Ansehen, hat seinen Grund aber auch im meisterhaften diplomatischen Geschick dieses Papstes. In Frankreich gelang es ihm, die Katholiken zu versöhnen mit jener Demokratie, die sein Amtsvorgänger in Grund und Boden verflucht hatte. Noch grösseres Geschick bewies Leo in Deutschland. Dies ist der Papst, der Bismarck den diplomatischen Meister zeigte.

Nach all den preussischen Siegen über Österreich und Frankreich konnte sich der Eiserne Kanzler sein neues Deutschland nur vorstellen als Heiliges Preussisches Reich Protestantischer Konfession. Dass es da eine katholische Minderheit gab, empfand er als Gefahr für die deutsche Einheit. Die reaktionäre Politik Papst Pius IX verstärkte noch seine Angst. Es mutet nicht sehr logisch an, dass Bismarck gleichzeitig glaubte, ein paar scharfe preussische Polizei-Massnahmen würden genügen, damit eine so rückständige, dunkelmännerische, überholte Institution wie die katholische Kirche sich, als wär's der Mönch von Heisterbach, auflöse zu Staub.

Das war der »Kulturkampf« und es waren die »Mai-Gesetze«. Alle katholischen Ordensleute wurden aus dem Land gejagt, die Erzbischöfe von Köln und von Breslau kamen ins Gefängnis. Dass all die polizeiliche Drangsalierung die katholische Kirche nicht schwächte, sondern stärkte, verwunderte einen Bismarck sehr.

Der Eiserne Kanzler hatte sich kirchenpolitisch vergaloppiert. Mit der Zeit sah er das selber ein und spottete privat, jedesmal, wenn so ein schwerfälliger preussischer Gendarm mit geschwungenem Säbel ein katholisches Pfarrhaus stürme, sei der ungleich wendigere Priester längst durch die Hintertür der Sakristei entwischt.

Einer musste dem Eisernen Kanzler helfen, wieder herabzusteigen vom hohen preussischen Ross. Einer nur konnte das: Papst Leo XIII. Mit soviel Freundlichkeit, mit so geschickten diplomatischen Vorleistungen ging der Italiener auf den Deutschen zu, dass es selbst einem Bismarck leichtfallen musste, ohne allzu grossen Gesichtsverlust die antikatholischen Gesetze wieder aufzuheben. Der religiöse Friede in Deutschland war wiederhergestellt.

Den Papst zu kritisieren, das haben deutsche Dichter, von Walter von der Vogelweide bis zu Rolf Hochhuth, durch alle Jahrhunderte für ihre besondere Berufung gehalten. Jetzt geschah das Unfassbare: Ein deutscher Dichter lobte den Papst.

»So sinken wir als gläubige zu boden
Verschmolzen mit der tausendköpfigen menge
Die schön wird, wenn das wunder sie ergreift.«

Stefan George! Nicht sein bestes Gedicht. Jedenfalls lange nicht so gut wie die lateinischen Gedichte, die Papst Leo zu gleicher Zeit selber schrieb:

»Gratius nobis memorare parvum
Nazarae tectum tenuemque cultum;
Gratius Jesu tacitam referre
Carmine vitam!«

Eine Strophe ist das aus »sacra iam splendent«, aus Papst Leos XIII schönstem Gedicht, in dem er die Jugendjahre des Arbeiters Jesus beschreibt. Nur mit Virgil selber lassen sich seine meisterhaften Verse vergleichen. Was hat diesen Papst zum grossen Dichter gemacht?

Es war die lebenslange Schwäche seines viel zu schmächtigen Körpers. In fiebergeschüttelten, schlaflosen Nächten hat Leo XIII stets Heilung gesucht in der Poesie. So hat er seine wunderschönen »Carmina« geschrieben.

84 Jahre alt war Papst Leo XIII, als er im Winter 1894 zum ersten Mal so erkrankte, dass auch die Poesie nicht mehr half. Rat wusste allein Kardinal Valetta: »Heiliger Vater, habt Ihr schon einmal etwas gehört von Pfarrer Sebastian Kneipp?«

Und Pfarrer Kneipp kam. Seine bayrische Diagnose: »Der Herr is no guat beinand.« Woran er das habe erkennen können? Ja woran? Die Ohren des Papstes seien »immer no rot, und dös isch a guats Zoicha!«

Dann, mitten im Vatikan, die Wasserkur aus Wörishofen. Ohne Widerspruch zu dulden, zog Pfarrer Kneipp persönlich den Papst aus.

Und dann? Dann schüttelte Pfarrer Kneipp nur noch den Kopf. Was für ein federleichtes Körperchen! »An dem«, sagte er, »an dem könnte sich kein Vöglein mehr sattpicken.« Alsdann aber bürstete und wickelte er den Papst nach allen Regeln der Wörishofener Wasserkur kalt und warm ein.

Ein Sturm der Entrüstung ging durch das Kardinals-Collegium. Das Ansehen des Papsttums sei gefährdet. Einmütig verlangten die Kardinäle vom Heiligen Vater, Pfarrer Kneipp heimzuschicken nach Wörishofen.

Erfreulicherweise wurde Papst Leo XIII auch ohne Kneippkur wieder gesund. Er hat sogar Pfarrer Kneipp um drei Jahre überlebt. Schon war er 93 Jahre alt, als ihm mit den täglichen Nachrichten eine technische Meldung überbracht wurde, die ihn sofort brennend interessierte. Ein Gerät sei entwickelt worden, das »Phonograph« heisse und mit dem es erstmals möglich sei, die lebendige Stimme festzuhalten. So sehr interessierte die neue Technik den greisen Papst, dass er sie sofort selber ausprobieren wollte. In den enormen Trichter eines Phonographen richtete Leo XIII vor den knieenden Technikern seine feierliche Botschaft an die neue Welt der Audio-Medien:

>*Ave Maria, gratia plena, Dominus tecum.*
Benedicta tu in mulieribus,
Et benedictus fructus ventris tui.
Sancta Maria, mater Dei,
Ora pro nobis peccatoribus
Nunc et in hora mortis nostrae.
Amen.«

»Bitt für uns in der Stunde unseres Todes.« Noch auf seinem Sterbebett, am 20. Juli 1903, hat der 93jährige Leo Verse gemacht, hat voller Hingabe gearbeitet an der letzten Ausgabe seiner »Carmina«. Als vermöge die Schönheit grosser Poesie nicht nur den Schmerz zu überwinden, sondern sogar den Tod.

9. Stück
Lieber Oxford als Rom

Worin wir lernen, dass es im Leben manchmal nichts Besseres gibt, als ganz einfach alt zu werden

Wisst ihr, wer das ist, der Antichrist? Der apokalyptische Drache? Der teuflische Verführer der Christenheit, kennt ihr ihn? Falls ihr es noch nicht wisst, der Antichrist, das ist kein anderer als der Papst in Rom.

Nicht ich habe das behauptet, sondern John Henry Newman, einer der bedeutendsten englischen Theologen des 19. Jahrhunderts. Die ganze erste Hälfte seines Lebens, so bekennt er selber, war er »most convinced that the Pope was the Antichrist«.

Umso höher ist es Papst Benedikt XVI anzurechnen, dass er im Herbst 2010 eigens nach England gereist ist, um diesen scharfen Kritiker des Papsttums feierlich seligzusprechen. Der Heilige Vater tat das natürlich nicht unbedacht. Zum Schrecken der Kirche von England hat Newman sich nämlich in der zweiten Hälfte seines Lebens zur Kirche Roms bekehrt, wurde gar Kardinal und gilt heute als einflussreicher Wegbereiter des 2. Vatikanischen Konzils.

Geboren ist John Henry Newman 1801 als Sohn eines Bankiers in London. Doch als er fünfzehn war, brach die väterliche Bank zusammen. Und mit ihr alle familiäre Geborgenheit.

Und dann im tiefen Unglück der Familie das Glück seines Lebens. Der 16-Jährige wird aufgenommen ins Trinity College in Oxford. Jene altenglische College-Szenerie, die uns heute in den Harry-Potter-Filmen als Ausgeburt esoterischer Phantasie erscheint, er hat sie wirklich noch erlebt. »Ein halbes Dutzend Kellner«, schreibt er nach Hause, stünden beim Candlelight-Dinner manchmal um ihn mit »Fisch, Fleisch, Wild, schönstem Lachs, Lammkeulen etcetera and fine, very fine strong beer«.

Und zu den besten Köchen und Kellnern hinzu die besten Professoren. Eine Welt von brillanten intellektuellen Gentlemen war das Oxford jener Zeit. Zehn Stunden am Tag stürzte John sich in Theologie und Kirchengeschichte. Freundschaft, Wissenschaft, Lifestyle: Alles bot Oxford dem Sohn des gescheiterten Bankiers aus London. In Oxford konnte er alles werden: Fellow zuerst am noch berühmteren Oriel College, Professor dort, dann Universitätsprediger. In solchem Masse ging ihm Oxford über alles, dass er mit 32 auf einer Mittelmeerreise staunte, Rom –die Stadt des Antichrist – sei schön: »I know nothing like it but Oxford«.

Wir sind jetzt hoffentlich alle reif für die »Oxford-Bewegung«. Das war ein Aufstand von zornigen jungen Theologen, an ihrer Spitze, besonders zornig, John Henry Newman. Zornige junge Männer wollen gewöhnlich zurück zum Eigentlichen und Echten. Die Oxford-Bewegung forderte, dass die Kirche von England zurückkehre zu ihrem echten Glauben und zu ihren ursprünglichen Riten und Formen. Zu diesem Zweck entwickelte Newman die »Drei-Zweige-Theorie«. Die eine alte, im Wortsinn »katholische«, »umfassende« Kirche der ersten christlichen Jahrhunderte habe sich später dreigeteilt: in die griechische, die römische und in die englische Kirche. Lange bevor Heinrich VIII um seiner Ehescheidung willen mit dem Papst brach, sei die Kirche von England eine eigenständig katholische Kirche gewesen, sogar die einzig echte, auf ihrer Insel bewahrt vor der römischen Verfälschung durch den Papstkult. Jetzt wieder die echte, die vorbildliche der drei katholischen Kirchen zu werden, sei die Zukunft der Kirche von England.

Das war eine These, die sich beim Candlelight-Dinner in den historischen Hallen von Oxford überzeugend anhören mochte. Mit der anglikanischen Wirklichkeit des 19. Jahrhunderts hatte sie wenig zu tun. Längst war diese Kirche in sich zerfallen in die widersprüchlichsten Strömungen: Anglo-Katholiken und Calvinisten, High Church und Low Church, und immer mehr Liberale, die an kein einziges Dogma, kein katholisches und kein protestantisches, mehr glaubten. »Niemand weiss, woran die Kirche von England glaubt«, wird Churchill später sagen, »but it works – aber sie funktioniert.« Dass sie funktionierte, lag an einem allen gemeinsamen heiligen Ritus: Einträchtig tranken alle Priester der Kirche von England nachmittags um vier Tee. Und es lag an einem tiefen Affekt, der alle einte. »No Popery! – keine Papisterei!« war das einzige, allen gemeinsame Dogma der Kirche von England. Plötzlich wird klar, warum Newman so heftig gegen den Papst als Antichrist polemisiert hat. Sonst wäre gerade ihm, mit seinen anglokatholischen Thesen, Verrat vorgeworfen worden. Popery war Hochverrat an Kirche und Nation.

Dass er dennoch zum Verräter werden konnte, lag allein an der Offenheit und Ehrlichkeit seines wissenschaftlichen Denkens. Newman war ein Zeitgenosse von Charles Darwin. Natürlich sei etwas dran an Darwins Evolutionslehre, pflegte er zu sagen, man brauche ja nur den Affen und den Menschen anzuschauen, um zu denken, dass da eine Verbindung sei. In staunenswerter Weise hat Newman selber ein paar Jahre vor Darwin schon ähnliche Gedanken über die Religion veröffentlicht. Wie alles Leben, wie Pflanzen und Tiere, entwickle sich auch die Religion. Die Protestanten hätten deshalb unrecht mit ihrer Meinung, alles, was nicht biblisch sei und urchristlich, sei unecht. Wie alles Leben, das menschliche, das tierische, das pflanzliche, nach ähnlichen Gesetzen der «Entwicklung» habe sich auch unsere Religion fortentwickelt, vom Urchristentum zu den späteren Formen der katholischen Kirche.

Darwin in der Kirche: Je mehr Newman diese historische These ausarbeitete, desto klarer schien ihm, dass sein bisheriger Glaube, die eigentliche katholische Kirche habe sich nur in England erhalten, insularer Unsinn sei. War es nicht gescheiter anzunehmen, dass die antike Kirche sich weltweit weiterentwickeln konnte bis zur modernen katholischen Kirche? Ist es nicht in hohem Masse sinnvoll, dass sich in dieser universalen Kirche ein zentrales Ordnungsorgan, das Papsttum entwickelt hat? 1845 bat der schärfste Kritiker der Päpste um Aufnahme in die katholische Kirche.

Er fiel ins Bodenlose. Nicht Rom, sagte er, »Oxford made me catholic«. Seinem eigenen unbestechlichen Denken war er gefolgt. Die Wirklichkeit der katholischen Kirche kannte er nicht. Jetzt sollte er sie kennenlernen.

Damit er die katholische Theologie nachhole, steckte man ihn, einen der brillantesten Theologen der Zeit, in ein römisches Seminar für Studenten aus Missionsländern. Das infantile Auswendiglernen toter scholastischer Formeln würgte ihm den Geist ab. Noch schlimmer erging es seinem Körper. Das Allerschlimmste in Rom, schrieb er, sei »the Continental breakfast«.

Doch dann eine glückliche Entdeckung: In Rom lernte er das Oratorium des heiligen Filippo Neri kennen, eine sehr freiheitlich strukturierte Gemeinschaft von Priestern, die ohne Gelübde zusammenlebten. Das Oratorium, jubelte Newman, sei »fast wie Oxford«.

Nach England zurückgekehrt, gründete er ein englisches Oratorium. Doch es war alles anders als in Oxford. Das Gebäude war eine stillgelegte Schnapsfabrik im Industrieviertel von Birmingham. Die Gläubigen, die dort zur Kirche kamen, waren keine englischen Gentlemen, sondern irische Wanderarbeiter. Manches Beichtkind, berichtet er, habe so gestunken, dass ihm beim Beichthören schlecht wurde. Und mehr als einmal bekam er im Beichtstuhl Flöhe.

Nach Irland dann ein ehrenvoller Ruf: Als Gründungsrektor sollte Newman die neue katholische Universität in Dublin aufbauen, die heutige Irische National-Universität. Natürlich war Oxford das akademische Ideal, mit dem Newman nach Dublin kam. Dort entwickelte er jene These, mit der er – lange nach seinem Tod erst – grossen Einfluss auf das 2. Vatikanische Konzil ausüben sollte: dass es der katholischen Kirche nicht an priesterlicher Autorität gebreche, sondern an weltoffenen, unabhängig denkenden, selbständig handelnden Laien.

Oxford in Dublin. Mit dieser Idee geriet Newman an die irischen Bischöfe, die sich ihre Universität wünschten als eine Art erweitertes Priesterseminar für untertänige Laien. Nach vier Jahren gab Newman in Dublin auf. Von Irland, stöhnte er, habe er nicht mehr verstanden als »the Pope himself«.

The Pope himself, Pius IX, ursprünglich ein Liberaler, hatte inzwischen mutiert zum reaktionärsten Papst aller Zeiten. 1870 erklärte er sich für unfehlbar. Weniger der Inhalt, viel eher die kompromisslose Art, wie Pius IX dieses Dogma der Kirche aufdrängte, war ein bewusster Affront gegen jenes moderne, widerspruchsfreudige Denken, das Newman in Oxford in Fleisch und Blut übergegangen war. Im Unterschied zu seinem deutschen Freund Döllinger in München sah er keinen Grund, die katholische Kirche zu verlassen. Doch er war tief entmutigt. Wörtlich schrieb er in sein Tagebuch: »Dies ist der Höhepunkt einer Tyrannei. Der Papst wird zum Gott, hat keinen um sich, der ihm widerspricht, kennt die Fakten nicht und tut deshalb, ohne es zu wollen, grausame Dinge.«

Ein Trost blieb Newman im Elend der katholischen Wirklichkeit: Über seinem Bett im Oratorium von Birmingham hingen lauter Bilder der Colleges von Oxford.

Im Leben gibt es manchmal nichts Besseres, als ganz einfach alt zu werden. John Henry Newman war schon hoch in den Siebzigern, als sich mit einem Mal die glücklichen Nachrichten nur so überstürzten. Die besten kamen aus Rom: Nach dem Tod Pius IX war Leo XIII zum neuen Papst gewählt worden, ein Italiener von verblüffend ähnlicher Geistesart wie der Brite Newman: tief verwurzelt in der katholischen Tradition, aber zugleich von grosser Offenheit für die Moderne. Welchen Kurs er steuern werde, sagte Leo XIII nach seiner Wahl, das möge die Welt daran erkennen, wen er als ersten zum Kardinal ernenne. Am 12. Mai 1879 überreichte Leo als erstem John Henry Newman den Kardinalshut. Zuvor schon war Newman in England selbst eine noch grössere Ehrung widerfahren als in Rom.

Aus Oxford kam der Brief. Zum ersten Mal in seiner jahrhundertealten Geschichte habe das Trinity College beschlossen, einen Professor ehrenhalben, einen honorary fellow, zu ernennen. Ob er bereit sei, die Ehrung anzunehmen? So sah Newman, nach mehr als drei Jahrzehnten der Ächtung, sein geliebtes Oxford wieder. Die Hochburg anglikanischer Theologie bereitete dem römisch-katholischen Verräter einen triumphalen Empfang.

> *»For he's a jolly good fellow,*
> *For he's a jolly good fellow,*
> *For he's a jolly good fellow –*
> *Which nobody can deny.«*

Im Alter von 89 Jahren ist Kardinal Newman am 11. August 1890 in Birmingham gestorben. In der Grösse seines Geistes und in der Weite seines Herzens hat er zwei Welten vereinigt, die allen andern unvereinbar schienen:

Rom und Oxford, Oxford und Rom.

10. Stück
Vernunft durch Verzögerung
Worin wir die Weisheit Roms bewundern lernen

Phantastischer als alle Phantasie war der reale Auftritt jenes christlichen Heiligen, der das 5. Jahrhundert in seinen Bann schlug. Ein unbestechlicher Augenzeuge, der Historiker Theodoret, beschreibt die Szene so: In der weiten Ebene Syriens ein Berg. Auf seiner Spitze eine Säule, über zwanzig Meter hoch. Und oben auf der Plattform ein Mensch. Wirklich ein Mensch? So wie er in der gleissenden Sonne Syriens die Arme im Gebet zum Himmel reckte, stundenlang unbewegt, habe dieser Heilige, schreibt Theodoret, gar nicht mehr wie ein Mensch gewirkt, sondern wie ein Engel, der von seiner Säule jeden Augenblick wegfliegen konnte – »εις ουρανόν«, »in den Himmel hinauf«.

Simeon der Säulenheilige!

Doch nicht der Heilige selber, fährt Theodoret fort, sei das eigentliche Spektakel gewesen. Das waren vielmehr die Gläubigen. Soweit das Auge schweifte, in alle Himmelsrichtungen, alles schwarz von Menschen. Millionen Menschen. Als sei das gesamte antike world village zusammengeströmt, um dem grössten Heiligen aller Zeiten zu huldigen. Nicht nur die Syrer und die Ägypter, nein ganz fremde, heidnische Völkerstämme sogar, aus Afrika und aus Arabien, ja aus der Mongolei. Was um die Säule des Heiligen ohne Unterlass wogte, schreibt Theodoret auf griechisch, war ein »ωκεανός«– ein Ozean ekstatisch begeisterter Menschen.

Eines Tages aber stand, unmittelbar unter der Säule, eine etwas andere Pilgergruppe. Aus der nahen Hauptstadt Antiochien war die gesamte syrische Bischofskonferenz in corpore erschienen. Und von Begeisterung keine Spur. Lautstark machten die Bischöfe ihrem Ärger Luft: über den Selfmade-Heiligen da oben, gewiss, aber viel mehr noch über den uferlosen ωκεανός seiner Anhänger. Was hatte ein solcher Ozean der Leichtgläubigkeit und des Aberglaubens mit dem katholischen Glauben zu tun?

Soweit der antike Bericht. Eines fällt auf: dass sich die Bischöfe Syriens wohl über den masslosen Heiligenkult ärgerten, dass sie aber nichts dagegen taten. Sonst waren sie doch mächtig. So mächtig war der Patriarch von Antiochien, dass er sogar den Titel Papst führte. Doch bei den Heiligen hörte seine Macht auf. Denen hatte er so wenig etwas zu sagen wie drüben in Ägypten der Papst von Alexandrien.

Ähnlich wie heute noch in Indien mit seinen unzähligen Sadhus und Gurus herrschte im orientalischen Christentum, von der Grenze Persiens bis nach Äthiopien, ein abenteuerliches Gewimmel von Heiligen: Säulenheilige, Wanderheilige, Wüstenheilige, Gipfelheilige – ein unabsehbarer Markt der Heiligkeit ohne jede kirchliche Kontrolle. Und so herrschten wohl heute noch auch bei uns heilige Zustände wie in Indien, hätte es nicht in der Alten Kirche ausser den Päpsten des Ostens noch einen ganz anderen Papst gegeben. Das war der Patriarch des Westens, der Papst von Rom.

Erinnert euch an die lateinische Messe nach dem Alten Ritus. Laut wurde da zuerst gesungen und gelesen. Doch dann war Stille, absolute Stille, während vorne am Altar der Priester, unmittelbar vor der Wandlung, als Zeugen des Allerheiligsten sie anrief: die Heiligen Roms. Was heisst »anrufen«?

In tiefer Ehrfurcht, kaum vernehmbar, flüsterte der Priester die Namen:

»…Lini, Cleti, Clementis, Xysti, Cornelii, Cypriani,
Laurentii, Chrysogoni, Ioannis et Pauli, Cosmae et Damiani
et omnium sanctorum tuorum.«

Heiliger Ernst im Umgang mit den Heiligen, das war, erlebbar noch in der Alten Liturgie, das Erbe Roms. Wirklich ein Erbe, denn genauso wie das östliche Heiligen-Spektakel hatte es seinen vorchristlichen Ursprung. Es genügt, über einen heidnischen römischen Friedhof zu gehen. Plötzlich findet sich da ein Grab, auf dem das Wort »sancta« steht, manchmal sogar »sanctissima«. Unter einem solchen Stein liegt eine Mutter begraben, die Ahnfrau eines römischen Geschlechts, die, obwohl keine Christin, von ihren Nachkommen so verehrt wurde, dass sie ihnen »sancta« war, »heilig«.

Nicht anders im Grunde der christliche Heiligenkult in Rom. Wenn der Priester am Altar die Namen der römischen Heiligen nur flüsterte, dann drückte er die tiefe Ehrfurcht aus, welche die römische Gemeinde für ihre christlichen Ahnen empfand.

Säulenheilige? Die Stadt Rom hatte für sich allein weit mehr Säulen als der ganze christliche Orient. Doch während vom Euphrat bis zum Nil abertausend Heilige von ihren Säulen herab ihr begeistertes Publikum segneten, während in Konstantinopel sogar die Siegessäulen von ehrgeizigen jungen Heiligen regelrecht gesquattert wurden, gab es in Rom, der Stadt der Säulen, nicht einen Säulenheiligen. Keinen einzigen. Ordnung statt Spektakel, Nüchternheit statt Phantasie, das war von Anfang an die christliche Sendung Roms.

Doch dann zerfiel das Römische Reich. Auch das kirchliche Leben Europas zerfiel in die Unübersehbarkeiten frühmittelalterlicher Provinzialität. Und aus den Nebeln des Nordens stiegen jetzt, von keinem Papst mehr kontrolliert, Feld-, Wald- und Wiesenheilige ohne Zahl auf. Eine frühmittelalterliche Inflation von Heiligen, diesmal bei uns im Westen hausgemacht. Wer's nicht glauben will, der besuche in Köln die Kirche Sankt Ursula.

Wohin der Blick schweift, sind alle Wände und Gewölbe der »Goldenen Kammer« mit Gebeinen dicht bedeckt. Kein Wunder, dass es so viele sind. Dies sind die Gebeine von elftausend heiligen Jungfrauen.

Elftausend Jungfrauen in Köln? Zuerst war da nur eine, und sie hiess Ursula. Dann verschaffte ihr die rheinische Phantasie elf ebenso jungfräuliche Gefährtinnen. Und da sie schon mal »am Phantasieren« waren, machten die Kölner aus ihren elf heiligen Jungfrauen alsbald elftausend.

Umsonst erliess Kaiser Karl der Grosse im Jahr 805 für das gesamte Reich ein strenges Verbot neuer Heiliger. Wenn aber selbst der Kaiser sich nicht durchzusetzen vermochte, wer konnte da in das aberwitzige Heiligen-Gewimmel Ordnung bringen? Nur einer.

Es ist der 31. Januar 993. Auf seinem Thron im Lateranpalast sitzt, von Bischöfen und Kardinälen feierlich umstanden, Papst Johannes XV. Vor ihm kniet ein deutscher Bischof, Liutold von Augsburg. Demütig bittet er den Heiligen Vater, ihm die Erlaubnis zu erteilen, seinen hochverehrten Amtsvorgänger, Ulrich von Augsburg, als Heiligen verehren zu dürfen. Und damit der Papst sein Gesuch prüfen könne, verliest er ein ganzes Buch über Ulrichs »vita et miracula«. Der Papst hört zu, der Papst prüft. Dann richtet er »an alle Bischöfe von Gallien und Germanien« eine feierliche Proklamation: Ja, Bischof Ulrich von Augsburg dürfe als Heiliger verehrt werden, dies allerdings nicht auf Grund lokaler Verehrung, sondern »kraft apostolischer Autorität«.

Die erste formelle Heiligsprechung der Kirchengeschichte: Hochoffiziell gibt der Papst bekannt, dass er, er allein, künftig zu entscheiden hat, wer als neuer Heiliger verehrt werden dürfe.

Begeistert ritt der Bischof von Augsburg nach Hause. Sehr viel weniger begeistert waren seine deutschen Amtsbrüder. Schon wieder so eine neue Amtsanmassung aus Rom! Wenn schon Heiligsprechung, dann können deutsche Bischöfe das doch selber machen. Oder nicht?

Der Machtkampf sollte Jahrhunderte dauern. Ihm zum Opfer fiel die berühmte Äbtissin Hildegard von Bingen. Mehr als dreihundert Jahre lang stritten sich der Papst und der Bischof von Mainz, wem es zukomme, Deutschlands grosse Ökospiritistin heiligzusprechen. Endlich gab der Gescheitere nach. Ohne dass Hildegard je formell heiliggesprochen worden wäre, nahm der Papst sie ins Martyrologium, ins römische Heiligenverzeichnis, auf.

Zum Schluss ein kreativer Kompromiss. Bisher war ein Seliger das gleiche wie ein Heiliger. Zum Beispiel wird ein so grosser Heiliger wie Paulus in der Alten Liturgie als Seliger gepriesen: »*beatus* Paulus Apostolus«. Wie aber, wenn wir da eine Unterscheidung treffen? Wie, wenn wir als *Vorstufe* zur Heiligsprechung die Seligsprechung einführen? Dann haben künftig alle etwas zu bestimmen: Seligsprechung zuerst als mindere Sache für die Ortsbischöfe, Heiligsprechung danach als das Höhere für den Papst.

Bis zum 16. Jahrhundert bildete sich so ein umfassendes päpstliches Regelwerk prozessualer Heiligsprechung heraus.

Die wichtigste Bestimmung war die »Weise Regel«. Zwingend schreibt sie vor, dass das Verfahren zur Selig- oder Heiligsprechung keinesfalls früher als fünf Jahre nach dem Tod beginnen dürfe. Nach fünf Jahren ist der Rausch blinder Begeisterung erfahrungsgemäss ausgenüchtert.

Vernunft also durch Verzögerung. Manchmal hat das etwas zu lang gedauert. So musste einer der grössten deutschen Heiligen, Albertus Magnus von Köln, 651 Jahre lang warten, bis ihn der Papst heiligsprach. In all ihrer Schwerfälligkeit hat sich die Prozedur trotzdem bewährt. Gerade in der Barockzeit, der doch gern ein Überschwang an Heiligenverehrung nachgesagt wird, hat kaum ein Papst mehr als zwei neue Heilige zugelassen.

Und dann, von keinem vorausgesehen, am Ende des Jahrtausends ein epochaler Bruch. 1978 wird in Rom Karol Wojtyla zum Papst gewählt. »Der erste slawische Papst«, so nennt er sich selber stolz. Jedenfalls ein Papst, der aus dem Osten kam.

Auf der Stelle setzt Johannes Paul II eine pausenlose Serie von Heiligsprechungen in Gang. 482 Heiligsprechungen insgesamt in seiner Amtszeit, mehr als unter allen seinen Vorgängern in vier Jahrhunderten zusammen. Dazu 1338 Seligsprechungen durch den Papst selbst.

Gravierender noch der zweite päpstliche Bruch mit der römischen Tradition. Am 5. September 1997, wenige Tage nach Prinzessin Diana, stirbt Mutter Teresa von Kalkutta. Schon feiern die Medien der ganzen Welt sie als Heilige. Für sie setzt Papst Wojtyla – zum ersten Mal seit sieben Jahrhunderten – die Weise Regel der fünfjährigen Wartezeit ausser Kraft.

Unvergesslich dann, am 8. April 2005, auf dem Petersplatz in Rom das Requiem für ihn: für Johannes Paul II selbst.

Soweit das Auge schweift, ist alles schwarz von Menschen. Mehr als drei Millionen Pilger. Nur drei Millionen? Nein, Milliarden Fernseh-Gläubige sind es, als hätte sich das gesamte world village versammelt, um dem grössten Heiligen unserer Zeit zu huldigen. Und aus dem Ozean ergriffener Menschen mit einem Mal ein Schrei aus abertausend Kehlen: »Santo subito!« Und nochmals und immer neu: »Santo subito! Santo subito!«

»Heilig, aber sofort!« Heilig ohne langen Prozess. Heilig ohne Weise Regel. Heiliggesprochen durch die Medien und durch die uferlose Menge. In einem ωκεανός ekstatischer Heiligenverehrung endet, mitten auf dem Petersplatz in Rom, jenes Jahrtausend römischer Nüchternheit und römischer Ordnung, das einst, am 31. Januar 993, mit der Heiligsprechung Ulrichs von Augsburg begann.

11. Stück
Eine protestantische Konfusion

Worin wir den wahren Antonius von Padua
endlich doch noch kennen lernen

»*Es wohnte zu Padua ein Weib,*
Bös von Seele, gut von Leib,
Genannt die schöne Monika. –
Als die den heiligen Antonius sah,
Verspürte sie ein gross Verlangen,
Auch ihn in ihre Netze zu fangen.
›*Geh, rufet mir den heiligen Mann‹, –*
So sprach sie – ›dass ich beichten kann!‹
Er kam und trat ins Schlafgemach ...«

Wie wird es weitergehen mit dem heiligen Antonius im Schlafgemach der schönen Monika? Das brauche ich nicht zu erzählen. Das wissen wir alle längst. Wir alle haben uns ja, in reifen oder unreifen Jahren, ergötzt an Wilhelm Busch und seiner weitaus besten Satire: an seinen klassischen Versen und Karikaturen über den heiligen Antonius. Und also kennen wir ihn, den heiligen Antonius von Padua.

Kennen wir ihn wirklich, den heiligen Antonius? Eins steht fest: Er, von dem wir unser Wissen haben – Wilhelm Busch, der deutsche Zeichner und Dichter, hat den heiligen Antonius überhaupt nicht gekannt. Schlimmer noch, viel schlimmer: Er hat den heiligen Antonius von Padua verwechselt. Ahnungslos hat er ihn verwechselt mit einem gänzlich anderen Heiligen. Das ist Antonius der Einsiedler.

Der Unterschied ist gewaltig. Antonius von Padua war, seinem Namen zum Trotz, Portugiese. Am 15. August 1195 ist er in Lissabon geboren. Antonius der Einsiedler dagegen, der populärste Heilige der christlichen Antike, war ein Ägypter des 3. Jahrhunderts. Tausend Jahre und zwei Kontinente trennen diese beiden Heiligen. Das ist so ziemlich vom gleichen Kaliber, wie wenn Wilhelm Busch den portugiesischen Seefahrer Vasco da Gama verwechselt hätte mit der ägyptischen Königin Cleopatra.

Was lässt sich zu seiner Entschuldigung sagen? Nur eines: Jene Verwechslung, die Wilhelm Busch in seiner protestantischen Ahnungslosigkeit unterlaufen ist, haben andere vor ihm höchst absichtsvoll gefördert: die katholischen Ordensbrüder des heiligen Antonius von Padua. Die Franziskaner, sie sind an der Verwechslung schuld!

Noch in seiner portugiesischen Heimat war Antonius von Padua in den damals ganz jungen Orden des heiligen Franziskus eingetreten. Gleich wollte er als Märtyrer in Marokko sterben. Ein furchtbarer Orkan im Mittelmeer verschlug ihn glücklicherweise nach Italien. In Mailand zuerst, dann in Padua stieg der Portugiese auf zum gefeiertsten italienischen Prediger seiner Zeit.

Während er so im christlichen Volk immer beliebter wurde, machte sich der heilige Antonius leider bei seinen Ordensbrüdern, den Franziskanern, immer unbeliebter. Schon zu Lebzeiten des heiligen Franziskus hatte sich dieser Orden in einem heillosen Streit in zwei Parteien gespalten. Es ging um das richtige Verständnis jenes Satzes, mit dem Jesus Christus selbst seinen Jüngern absolute Armut befohlen hat. Lukas, 9. Kapitel, Vers 3: »Nichts führt bei euch, weder Stab noch Tasche, weder Brot noch Geld.«

Wie ist das zu verstehen? Als wörtliche Anweisung, wortwörtlich gar? Oder nur symbolisch, im unverbindlichen Sinne einer rein geistigen Liebe zur Armut? Auf der einen Seite sammelten sich die franziskanischen Realos um Bruder Elias, der nur im Geiste arm sein wollte und dabei soviel Geld zusammenbrachte, dass er die gewiss wunderschöne, aber sündhaft teure dreistöckige Basilika in Assisi bauen konnte. Auf der andern Seite sammelten sich die franziskanischen Fundis um Bruder Cäsarius von Speyer und seine recht plausible These, ein Franziskaner, der nur im Geiste arm sein wolle, nicht arm in der Materie, der halte die Welt zum Narren.

Das war der »Grosse Armutsstreit« im Franziskanerorden. Er tobte so hasserfüllt, dass sich die wüst streitenden Brüder des heiligen Franziskus gegenseitig der Heiligen Inquisition bündelweise auf die Scheiterhaufen lieferten.

Und mittendrin in diesem Höllenstreit um die christliche Armut eine einzige lautere Seele: der heilige Antonius von Padua. In seiner Unschuld tat der Heilige etwas, was kein vernünftiger Mensch bei religiösen Streitereien tun sollte: Sankt Antonius wollte vermitteln. Seine streitenden franziskanischen Brüder wollte der heilige Antonius miteinander versöhnen.

Es kam, wie es kommen musste: Statt weiter aufeinander einzudreschen, droschen jetzt die streitenden Franziskaner von allen Seiten einträchtig alle ein auf den heiligen Antonius von Padua. Dass er dennoch am 13. Juni 1231 zu Padua eines *natürlichen* Todes starb – wenn auch, vor lauter Erschöpfung, mit erst 36 Jahren –, das verdankt der Portugiese allein seiner masslosen Beliebtheit im italienischen Volk. »Santo subito!« gellte es – damals schon – durch ganz Italien. Gegen alle Regeln der katholischen Kirche musste der Papst, unter dem

Druck des frommen Volkes, den heiligen Antonius von Padua schon elf Monate nach seinem Tod heiligsprechen.

Jetzt erkannten die Franziskaner ihre zweite Chance. Hatten sie zu seinen Lebzeiten auf den heiligen Antonius nicht hören wollen, so konnte er ihnen jetzt, nach seiner Heiligsprechung, umso nützlicher sein – als neuer Superheiliger vom Orden des heiligen Franziskus. Antonius von Padua, so verkündeten sie von allen Kanzeln, sei der grösste Wundertäter aller Zeiten.

Antonius, der wunderbare Helfer gegen alles nur denkbare Pech in der Liebe und in der Ehe, aber auch gegen Seuchen im Viehstall, Antonius der wundertätige Wiederbringer verlorener Dinge. Und kaum einer im frommen Volk unter der Kanzel merkte, dass fast all diese Wunder schon tausend Jahre alt waren. Hemmungslos, gewissenlos hatten die Franziskaner die uralten Wunder des heiligen Antonius von Ägypten für ihren eigenen Antonius von Padua geplündert. Ist es ein Wunder, dass Wilhelm Busch darauf hereingefallen ist, er, ein ahnungsloser deutscher Protestant des 19. Jahrhunderts?

Ähnlich wie sein Zeitgenosse Friedrich Nietzsche war der Zeichner und Dichter Wilhelm Busch geprägt von einer puritanischen Kindheit im evangelischen Pfarrhaus. Zwar verlor er später den Glauben, doch blieb er, wie Friedrich Nietzsche, sein Leben lang ein Opfer jener lebensfeindlichen Moral, die er selber auf den hintersinnigen Satz gebracht hat:

»Das Gute, dieser Satz steht fest,
Ist stets das Böse, das man lässt.«

So sass Wilhelm Busch, ein sauer vor sich hinalternder Junggeselle, in seinem niedersächsischen Spalierhäuschen.

Einsam und allein dichtete und pinselte der protestantische Einsiedler an seinem heiligen Antonius herum. Etwa 40.000 Zigaretten hat er dabei geraucht. Und je länger er am heiligen Antonius herumdichtete, herumpinselte und herumrauchte, desto fataler steigerte sich der Protestant Wilhelm Busch selber hinein in seine Karikatur eines katholischen Heiligen. Seine eigenen, pubertär gebliebenen Phantasien, alle seine unerfüllten erotischen Wunschbilder aus dem evangelischen Pfarrhaus projiziert er hinein in den unschuldigen katholischen Heiligen. Bald sind es schon nicht mehr die Wunder des heiligen Antonius, die ihn interessieren. Was ihn magisch, süchtig anzieht, ihn, den allzu sittenstreng erzogenen Protestanten, das sind die »Versuchungen des heiligen Antonius«!

> *»Der heilige Antonius von Padua*
> *Sass oftmals ganz alleinig da*
> *Und las bei seinem Heiligenschein*
> *Meistens bis tief in die Nacht hinein.«*

Und wie er dasitzt, ganz allein, der heilige Antonius – so einsam wie Wilhelm Busch selber vor seiner Staffelei – da, wir ahnen es alle, passiert es schon wieder: Im verführerischen Balletröcklein kribbelt und krabbelt eine junge Schöne von allen Seiten am heiligen Antonius herum.

> *»Auf einmal – er wusste selbst nicht wie –*
> *Setzt sich das Mädel ihm gar aufs Knie.«*

Wie wird es weitergehen mit der schönen jungen Tänzerin auf dem Knie des heiligen Antonius? Wie immer es weitergehen mag, es führt zu einer Verwechslung in Potenz. Nicht nur verwechselt Wilhelm Busch den heiligen Antonius von Padua mit dem heiligen Einsiedler Antonius von Ägypten, er verwechselt, peinlicher noch, den heiligen Antonius von Ägypten mit sich selbst.

Logisch fehlt jetzt nur noch eins: das legendäre Haustier des heiligen Antonius.

> *»Der heilige Antonius – so wird berichtet –*
> *Hat endlich ganz auf die Welt verzichtet;*
> *Ist tief, tief hinten im Wald gesessen,*
> *Hat Tau getrunken und Moos gegessen,*
> *Und sitzt und sitzt an diesem Ort*
> *Und betet, bis er schier verdorrt,*
> *Und ihm zuletzt das wilde Kraut*
> *Aus Nase und aus Ohren schaut.*
> *Er sprach: ›Von hier will ich nicht weichen,*
> *Es käm' mir denn ein glaubhaft Zeichen!‹*
> *Und siehe da! – Aus Waldes Mitten*
> *Ein Wildschwein kommt dahergeschritten.«*

Das berühmte Schwein des heiligen Antonius! Eigentlich hat es mit keinem der beiden Antoniusse etwas zu tun, mit Antonius von Padua schon gar nicht, aber auch nicht mit Antonius von Ägypten. Doch gab es im Mittelalter einen frommen Orden, die Antoniter, der das Privileg hatte, seine Schweine von den Abfällen in den Gassen der Städte zu ernähren. Zum Beispiel mästeten die Kölner Antoniter ihre Schweine, indem sie sie durch die Schildergasse trieben. Um dieses Privileg zu begründen, erfanden die Antoniter die Legende vom Schwein als treuem Freund und Begleiter des heiligen Antonius – allerdings des heiligen Antonius von Ägypten, nicht von Padua.

Aus diesem eher prosaischen Schwein der mittelalterlichen Müllabfuhr wird jetzt in Wilhelm Buschs Phantasie das unübertreffliche Symbol aller jener erotischen Ferkeleien, nach denen er selber sich in seiner protestantischen Verklemmung vergeblich sehnt, die er aber einem katholischen Heiligen bedenkenlos zutraut. Wie, wenn all die Schweinereien, die im evangelischen Pfarrhaus streng verboten waren, möglich wären im Himmel der Katholiken? So fährt, zum genialen Schluss von Wilhelm Buschs Bildergeschichte, der heilige Antonius von Padua nicht allein zum Himmel. Eng an seine braune Kutte schmiegt sich mit wunderhübsch gekräuseltem Schwänzchen das legendäre Schwein. Demütig knien die beiden vor der Gottesmutter. Huldvoll winkt Maria alle beide durch, den Heiligen und sein Schwein, aus den irdischen Gefilden protestantischer Wunschträume hinauf in den Himmel katholischer Seligkeit:

»›Willkommen! Gehet ein in Frieden!
Hier wird kein Freund vom Freund geschieden.
Es kommt so manches Schaf herein,
Warum nicht auch ein braves Schwein!!‹

Da grunzte das Schwein, die Englein sangen;
So sind sie beide in den Himmel gegangen.«

12. Stück
Die Erfindung der totalen Überwachung
Worin wir aus der christlichen Vergangenheit
Mut für die unchristliche Zukunft schöpfen

»Herr, wir danken Dir dafür, dass Du uns das Internet geschenkt hast.« Als der Kölner Erzbischof Joachim Meisner dieses Gebet sprach, löste er eine Welle christlicher Erheiterung aus. Ob der Kölner Kardinal denn gar keine Ahnung habe, was im Internet los sei?

Soviel Ahnungslosigkeit wird niemand jenen Bischöfen unterstellen, die am 3. Mai 1512 in Rom zum 5. Laterankonzil zusammentraten. »Ein Skandal nach dem andern«, klagte das Konzil, habe stattgefunden. »Und täglich befürchten wir noch grössere Skandale.«

Der Buchdruck war erfunden worden. Nebst vielem Wahren und Guten ergoss sich eine Flut von gedrucktem Schund und Unfug über die Christenheit.

»Wir ordnen deshalb an, dass künftig und für alle Zukunft keiner mehr es wage, ein Buch zu drucken ohne vorherige gründliche Kontrolle und ohne ausdrückliche kirchliche Erlaubnis.«

Seit es Bücher gab, seit dem grauen Altertum hatte es Zensur gegeben. Dass nicht einfach jeder alles, was ihm in den Sinn kam, nach Lust und Belieben in die Öffentlichkeit tragen durfte, galt noch im Mittelalter als Selbstverständlichkeit. Der König von Frankreich, die deutschen Landesfürsten, die Bischöfe, die Universitäten, sie alle hatten allezeit Bücher zensiert.

Allerdings waren die Zensoren nur gelegentlich und zufällig tätig geworden. Die wenigen, die lesen und schreiben konnten, lasen und schrieben nämlich sehr langsam. So waren zum Beispiel die Mönche der Abtei Sankt Gallen stolz darauf, dass sie, wenn sie ein Buch kopierten, einen ganzen Tag brauchten, um auch nur einen einzigen Buchstaben zu malen. So schön malten sie.

Kaum flinker als der kleine Kreis der Schreiber war der kleine Kreis der Leser. Da bedurfte es schon der masslos frechen Witze, die der Pariser Theologe Peter Abälard über den heiligen Bernhard riss, damit ein Konzil im Jahr 1121 beschloss, Professor Abälards böse Bücher feierlich zu verbrennen.

Nein, nicht das Buch war die epochale Herausforderung an das 5. Laterankonzil, sondern der Buchdruck: eine neue Technik, die es – lange vor dem Internet – gestattete, jeden beliebigen Inhalt in beliebiger Menge beliebig weit zu verbreiten.

Und jetzt, als Antwort auf die moderne Technik des Buchdrucks, eine Zensur von ebenso modernem Kaliber: Nicht mehr wie bisher gelegentlich und irgendwie sollte die Kontrolle stattfinden, sondern systematisch und präventiv. Kein einziges Druckwerk mehr ohne das »Imprimatur«, die amtliche Druckerlaubnis der Kirche. Jedes unerlaubt gedruckte Buch aber sei, so ordnete das Konzil an, »zu beschlagnahmen und zu verbrennen«.

Hochzufrieden mit diesem Beschluss gingen die Konzilsväter im Jahr 1517 auseinander. Und keiner ahnte, dass alle die beklagten Skandale nichts waren als ein harmloses Vorspiel zu jenem epochalen Skandal, der noch im selben Jahr in Deutschland ausbrechen sollte.

Martin Luther!

Wie alle Menschen seines Schlags hatte Luther einen starken Mitteilungsdrang. Etwa zehnmal soviel wie Eugen Drewermann hat er geschrieben. »Die hohen Wohltaten der Buchdruckerei«, rief der Reformator begeistert aus, »sind in Worte nicht zu fassen.«

Feierlich wurden Luthers Schriften am 12. Juni 1521 in Rom verbrannt. Vergeblich. Nicht nur die Dämme der Zensur, die gesamte katholische Ordnung brach nördlich der Alpen zusammen.

Die katholische Antwort auf Luthers Herausforderung war das Konzil von Trient. Erneut beklagte es »die übergrosse Zahl verdächtiger und verderblicher Schriften«, die sich seit der Erfindung des Buchdrucks über die Christenheit ergossen hatten. Die Kontrollmassnahmen des 5. Laterankonzils seien deshalb zu verschärfen. Nicht nur systematisch und umfassend solle die Zensur künftig sein, sondern auch zentral gesteuert. So kam es im Jahr 1571 zur Gründung der römischen Index-Kongregation. Kongregation heisst so viel wie Hauptabteilung, Index-Kongregation hiess sie, weil es ihre wichtigste Aufgabe wurde, einen Index, ein Gesamtverzeichnis aller verbotenen Druckwerke, zu erstellen.

Die Leitung dieser Hauptabteilung Zensur im Vatikan übernahm alsbald ein Mann mit grossem Ehrgeiz: Giulielmo Kardinal Sirleto. Nicht nur alle neuen Bücher, fand Kardinal Sirleto, gelte es zu zensieren, sondern auch alle jene klassischen Werke, die jetzt, dank dem Buchdruck, massenweise unters gebildete Volk kamen. Zum Beispiel Homer, Virgil, Horaz, Cicero, Plato. Die Kirchenväter, den heiligen Augustinus vor allem, und sogar den heiligen Thomas von Aquin. Aber nicht nur die literarischen, sondern auch die wissenschaftlichen Klassiker waren voll von schlimmen Fehlern: zum Beispiel die Mathematik des Euklid, die Medizin des Hippokrates. Gesamtzensur des gesamten gedruckten Wissens der Menschheit: Nichts weniger war das ehrgeizige Ziel von Kardinal Sirleto.

Wo anfangen? Am besten ganz oben. Ganz oben sind in der Christenheit nicht die Dichter und nicht die Naturwissenschaftler, sondern die Päpste. Kardinal Sirleto war entsetzt, wieviel Unsinn gerade in jenen Büchern stand, die von Päpsten geschrieben worden waren. Am schlimmsten fand er die Bücher Papst Pius' II. So kam, im Rahmen der neuen Totalzensur, als oberster und erster ein Papst auf den Index librorum prohibitorum.

Mit Kardinal Sirletos Tod im Jahr 1584 brach das gigantische Vorhaben auch schon wieder zusammen. Ob seinen ehrgeizigen Plänen hatte Sirleto nämlich versäumt, der neuen Kongregation im Machtgefüge des Vatikans eine angemessene Stellung zu erobern. Abfällig sprach man von der Index-Kongregation als der »kleinen Schwester« der Inquisitions-Kongregation.

Es war in Wirklichkeit die arme Schwester. Diese Zensurbehörde, die draussen in der christlichen Welt so gefürchtet war, dass die grossen Geister in Paris von ihr nur hinter vorgehaltener Hand als »l'Infâme« sprachen, war in der vatikanischen Wirklichkeit ein armseliges Ein-Mann-Büro. Wohl wurde die Zensurbehörde von Kardinälen geleitet, doch die trafen sich nur viermal im Jahr. Ein Dutzend Gutachter gab es auch, doch das waren zeitlos schlechtbezahlte freie Mitarbeiter. In der alltäglichen Wirklichkeit bestand die ganze Mini-Kongregation aus einer einzigen Planstelle. Das war der Sekretär. Der aber konnte, im Unterschied zu den Sekretären anderer Kongregationen, nicht Kardinal werden. Lustlos sass er im Abseits vatikanischer Beförderung.

Hauptanliegen des Sekretärs war unter diesen Umständen eine ungestörte Siesta. Man schätzt, dass neunzehn von zwanzig angezeigten Büchern nicht auf den Index librorum prohibitorum wanderten, sondern – ungelesen, ungeprüft – in den Papierkorb des Sekretärs.

Allerdings hatte der Zufall System. Wohl waren die Sekretäre der Index-Kongregation gebildete Leute. Ausser Italienisch konnten sie Latein und Französisch. Aber Deutsch?

»Germanicum est, non legitur – Was auf deutsch geschrieben ist, lesen wir gar nicht erst.« Das war die Arbeitsregel in der Index-Kongregation. Während die halbe französische Literatur zur Ehre des Index librorum prohibitorum gelangte, verschwand zu gleicher Zeit die halbe deutsche Literatur ungelesen im Papierkorb des Sekretärs.

Dies änderte sich dramatisch im Jahr 1838, als jener Kardinal in die Aufsicht über die Index-Kongregation berufen wurde, der als das grösste Sprachgenie der Geschichte gilt: Giuseppe Mezzofanti. Achtunddreissig Sprachen beherrschte der Italiener perfekt.

Nächtelang las Kardinal Mezzofanti deutsche Literatur. Bis er auf einen Roman stiess, der ihm den Schlaf raubte: »Die Leiden des jungen Werther«. Von einem gewissen Goethe. »Ein ganz ungesundes Buch«, urteilte Kardinal Mezzofanti.

Goethe verbieten? Die »Leiden des jungen Werther« verbrennen? Tagelang rang Kardinal Mezzofanti mit sich selbst. Dann fällte er eine bemerkenswerte Gewissensentscheidung: Man zensiert Goethe nicht!

Doch machte er es sich selbst zur Pflicht, regelmässig durch die römischen Buchhandlungen zu schmökern und dabei unauffällig zu erkunden, ob vielleicht Werke eines gewissen Goethe feilgeboten würden, und, wenn ja, diese ungesunden Bücher, koste es, was es wolle, aufzukaufen. Damit sie nicht in die Hände gefährdeter jugendlicher Leser gerieten.

Ähnliches Glück wie Goethes Werther hatte im Jahre 1910 ein ähnlich ungesundes deutsches Buch. »Winnetou« hiess der Roman – und sein Autor hiess Karl May.

»Winnetou« auf dem Index? Winnetou, der doch, im Sterben noch, die Augen hob zur Himmelskönigin:

> *»Madonna, ach, in deine Hände*
> *Leg ich mein letztes, heisses Flehn:*
> *Erbitte mir ein gläubig Ende*
> *Und dann ein selig Auferstehn!*
> *Ave Maria!«*

Unser frommer Winnetou am Schandpfahl in Rom?

Leider Gottes ging es nicht um Winnetous Gebete, sondern um Karl Mays Sünden. Schreckliche Gerüchte waren nach Rom gedrungen. Gerüchte über die jugendgefährdenden Jugendsünden dieses Jugendbuchautors. Vor allem jene Jugendsünde, die man im Vatikan – damals noch – nur hinter vorgehaltener Hand zu nennen wagte: »Il pessimo – das Allerschlimmste«. Wer konnte da Karl May noch vor dem Bannfluch bewahren?

Nur einer: der Dominikaner Thomas Esser. Ein Zufall wollte es, dass mit ihm ein Deutscher Sekretär der Index-Kongregation geworden war. Als er die Akte Karl May sah, erbleichte Pater Esser. Waren nicht alle Pfarr- und Klosterbüchereien in Deutschland vollgestopft mit Karl May? Winnetou verbieten? Die ganze deutsche Jugend würde aufstehen gegen Rom! Mit einem wohlbedachten Wurf versenkte Pater Esser die Akte Karl May in seinen grossen Papierkorb.

Es muss jetzt die Rede sein von einem dritten, besonders ungesunden deutschen Autor. Nur ein einziges ganz ganz ungesundes Buch hat er geschrieben, und doch brandeten ihm, wo immer er auftrat, Stürme der Begeisterung entgegen:

»Adolf Hitler, Österreichs Sohn,
zeige dich auf dem Balkon!«

Drei Jahre lang, von 1934 bis 1936, mussten die armen Gutachter der Index-Kongregation »Mein Kampf« lesen. Warum kam Hitlers Buch trotzdem nicht auf den Index?

Manchmal ist die banalste Erklärung die beste. Die wenigsten von uns lesen Bücher ganz. Der normale Mensch hört nach dem ersten Kapitel auf. Auch die Zensoren im Vatikan waren normale Menschen. Überdies waren sie schlecht bezahlt.

Wer aber nur das erste Kapitel von »Mein Kampf« liest, der ist hoch erbaut. Schildert der Führer doch, wie er als kleiner Pimpf bei den Mönchen der Abtei Lambach wunderbar singen lernte.

Sängerknabe Adolf Hitler. Regelrecht »berauscht«, so bekennt er, habe sich sein jugendliches Herz an den frommen Melodien der katholischen Kirche.

Allelujaschlumpf Adolf Hitler. Ist es da verwunderlich, dass der eine oder andere vatikanische Gutachter ein solches Bekenntnisbuch nicht verdammen mochte, sondern es, gleich nach Kapitel Eins, mit einem väterlich milden Lächeln beiseite legte?

Allerdings wird auch vermutet, dass der Sekretär der Index-Kongregation einen Wink bekommen habe aus dem

Päpstlichen Staatssekretariat. Dort sass bereits Eugenio Pacelli, der nachmalige Pius XII. Das war ein Kardinal mit Berlin-Erfahrung. Immer, wenn die Rede auf Hitler kam, hob er warnend die Hände:

>>*Molto delicato! – Sehr heikel!*<<

Kein Wunder also, dass der Index-Sekretär die besonders heikle Akte Hitler nicht in den Papierkorb beförderte, sondern ins Archiv, wo sie, sorgfältig verschnürt und mit der Aufschrift >>unerledigt<<, noch heute ruht.

Eine finstere Gruft von verschimmeltem Papier ist dieses Archiv. Doch es ist das einzige, was übrigbleibt von der einst so gefürchteten Heiligen Index-Kongregation. 1966 hat Papst Paul VI den Index librorum prohibitorum abgeschafft.

Böse Zungen im Vatikan behaupten, dieser Papst habe einen persönlichen Grund gehabt, den Index abzuschaffen. Als Teenager nämlich sei er versessen gewesen auf französische Literatur. Da durfte er aber nicht viel lesen. Fast die ganze französische Literatur stand auf dem Index: Von Victor Hugo bis Emile Zola, von Stendhal bis Balzac, sogar die beiden Alexandre Dumas. War alles verboten, bei Strafe der Exkommunikation. Um selber wenigstens als Papst endlich die Drei Musketiere lesen zu dürfen, habe Paul VI ihn abgeschafft, den Index librorum prohibitorum. Behaupten die bösen Zungen im Vatikan.

Gottseidank gibt es im Vatikan nicht nur böse, sondern auch gute Zungen. Die beste Zunge ist der Osservatore Romano. Die päpstliche Hauszeitung rechtfertigte die Abschaffung des Index mit der Einsicht, es sei gar nicht möglich, >>die riesige Buchproduktion unserer Zeit zu kontrollieren<<.

Auf deutsch gesagt: Was nicht möglich ist, soll man gar nicht erst versuchen.

Fürwahr eine treffliche Einsicht. Verwunderlich nur, dass es so viele Jahrhunderte gedauert hat, bis wir zu dieser Einsicht kamen. Das hätte ein bisschen schneller gehen können. Hätten nur die Väter des 5. Laterankonzils, statt schlechte Bücher zu verbrennen, einen Blick geworfen in das beste aller Bücher.

Im Evangelium nach Matthäus steht das Gleichnis von den übereifrigen Knechten, die das Unkraut jäten wollen. Der Herr aber verbietet es ihnen streng: »Tut das nicht, damit ihr nicht zugleich den Weizen mit ausreisst, wenn ihr das Unkraut jätet. Lasst beides miteinander wachsen bis zur Ernte!« (Matthäus 13, 29-30).

Worte des Herrn, die das 5. Laterankonzil leider nicht beachtet hat.

Und ich denke an unsere muslimischen Schwestern und Brüder, die sich heute um die Flut gotteslästerlichen Schriften die gleichen schweren Sorgen machen wie unsere christlichen Konzilsväter damals vor fünf Jahrhunderten. Und denen wiederum nichts Besseres einfällt als das Verbieten und Verbrennen, ja das Erschiessen. Mögen auch sie, mögen auch unsere muslimischen Schwestern und Brüder zur Erleuchtung durch den Propheten Jesus gelangen.

Aber hoffentlich ein bisschen schneller als wir.

13. Stück
Streik bei der Heiligen Inquisition

*Worin wir lernen, wie aufrechte Demokraten
die grausamsten Verfolger werden*

Was würden Sie sagen, wenn heute im Radio folgende Nachricht käme: »Köln. Das Bundesamt für Verfassungsschutz ist in den Streik getreten. Mit ihrer spontanen Arbeitsniederlegung wollen die Beamten gegen Korruption und Misswirtschaft protestieren.«

So ist das gewesen im Jahre 1249. Wie ein Lauffeuer ging durch die Christenheit die Kunde: »Die Heilige Inquisition hat die Arbeit niedergelegt.« Und nicht etwa irgendeine Inquisition. Das Zentrum und Haupt der Ketzerverfolgung, die Inquisition gegen die Katharer, die Heilige Inquisition von Toulouse, war in den Streik getreten. Aus Solidarität mit ihren streikenden Kollegen legten kurz danach auch die Inquisitoren in Paris, ja im ganzen heutigen Frankreich, ihre Arbeit nieder. In Toulouse selber hatten die Inquisitoren sogar ihr Gefängnis aufgesperrt. Zahlreiche verhaftete Ketzer liessen sie laufen mit der Begründung, sie seien nicht mehr bereit, auch nur einen einzigen Irrgläubigen zu verfolgen, solange nicht endlich die Voraussetzungen geschaffen würden für eine korruptionsfreie, streng legal arbeitende Inquisition.

Dass nämlich Inquisition sein müsse, das war für das Mittelalter so selbstverständlich, wie es für uns heute selbstverständlich ist, dass wir ein Bundesamt für Verfassungsschutz brauchen. Der katholische Glaube war ja im 13. Jahrhundert nicht einfach irgendeine Konfession, sondern genau das, was heute die freiheitlich-demokratische Grundordnung ist: das grundsätzliche Bekenntnis, das die gesamte Gesellschaft im Kern zusammenhält.

Und wie wir es heute gut finden, den Feinden der Demokratie das Handwerk zu legen mittels Verfassungsschutz, so fand es das 13. Jahrhundert gut, Ketzern das Handwerk zu legen mittels Inquisition. Die Frage war nur, was für eine Inquisition.

Bislang waren es bischöfliche Gerichte gewesen, die die Ketzer verfolgten. Das waren lokale Gerichte, damals ohne jede päpstliche Aufsicht. Bei den Verfahren wegen Ketzerei herrschte ein unbeschreibliches Mass an Schlamperei und Bestechung. Wenn überhaupt, dann wurden die Falschen verbrannt.

In einer päpstlichen Reform der Ketzerverfolgung sah Papst Gregor IX die Chance, Macht und Ansehen des Heiligen Stuhls zu stärken. Auf Kosten der Ortsbischöfe. Nur ihm, nur dem Papst selber sollte sie verantwortlich sein, die neue, zentrale, streng legale Inquisition.

In Deutschland sollte die Reform beginnen. 1231 ernannte der Papst den Beichtvater der heiligen Elisabeth von Thüringen, den Weltpriester Konrad von Marburg, zum Inquisitor für ganz »Teutonia«.

Es war eine personelle Fehlentscheidung schlimmster Art. Wohl galt Konrad von Marburg als unbestechlich und als unerschrocken gegenüber weltlichen Behörden. Aber schon als Beichtvater der heiligen Elisabeth zeigte er merkwürdige Regungen. »Usque ad camisiam – bis aufs Hemd« ausgezogen, musste sich die 18jährige Heilige zu seinen Füssen niederwerfen, worauf Konrad sie persönlich auspeitschte oder sie durch seine Knechte prügeln liess, während er selber genussreich den Busspsalm Miserere sang.

Es lag in der Logik eines solchen Charakters, dass ihm die neue Würde eines Inquisitors für Teutonien wahnsinnig in den Kopf stieg. Statt, wie ihm der Papst aufgetragen hatte, eine korruptionsfreie Gerichtsbarkeit gegen die Ketzer aufzubauen, raste Ketzermeister Konrad in einem wahren Amoklauf quer durch Deutschland. Von allen Kanzeln hetzte er das abergläubische Volk mit der Botschaft auf, der Satan bedrohe die Christenheit in Gestalt eines riesigen schwarzen Katers, dem die Ketzer bei ihren nächtlichen Versammlungen den Arsch küssten. Ein Spiessgeselle Konrads, der »Einäugige Hans«, der von sich behauptete, er könne jeden Ketzer sofort am Blick erkennen, setzte sich nach solchen Predigten an die Spitze des entfesselten Volkes. Und so ging es, Ketzer mordend, Ketzer brennend, quer durchs deutsche Land. Bis endlich, am 30. Juli 1233, ein paar couragierte Edelleute – durchaus fromme katholische Laien – den amoklaufenden Inquisitor packten und ihn, wohl in der Nähe von Marburg, totschlugen. Durch ganz Deutschland ging, wie stets in solchen Fällen, der Aufschrei der Erleichterung: Nie wieder so etwas! Nie wieder Inquisition!

Ein zweites Fiasko dieser Art konnte sich Papst Gregor IX nicht leisten. Noch im selben Jahr 1233 übertrug er die neue Inquisition in fast allen christlichen Ländern, vor allem aber an ihrem wichtigsten Sitz, in Toulouse, dem Orden der Dominikaner.

Ausgerechnet den Dominikanern – einem Orden, der zwei Jahrzehnte zuvor gegründet worden war, nicht um Ketzer zu verbrennen, sondern um, im Gegenteil, die Ursachen der Ketzerei zu bekämpfen, nämlich das grauenhafte Ausmass an

Dummheit und Korruption im katholischen Klerus. Gleich seine ersten Brüder schickte der heilige Dominikus zum Studium an die Universitäten von Paris und Bologna. Das ist etwa so, wie wenn er sie heute nach Berkeley schicken würde und nach Cambridge (Massachusetts). Und da der Orden auch die Armut Jesu radikal praktizierte, da er sich überdies, nach dem Vorbild der italienischen Städte, eine demokratische Verfassung gab, zog er wie ein Magnet die Elite der Christenheit an, die Jungen, die Gebildeten, die Fortschrittlichen. Ausgerechnet den Dominikanern, den liberalen katholischen Intellektuellen jener Zeit, übertrug jetzt Papst Gregor IX die Inquisition.

Es war die Zwangsvorstellung der Heiligen Inquisition, über alles, was sie tat, Buch zu führen. Diese »Register« sind in Toulouse erhalten. So ist es möglich, sich ein Bild von den Männern zu machen, die im Jahre 1233 bereit waren, ein solches Amt zu übernehmen. Da sind zum Beispiel die Protokolle über den Einkauf von Kleidern. Für ihre Schreiber kauften die neuen Inquisitoren Tuch der besten Qualität, für sich selber nur grobes und billiges Tuch. Ebenso bei den Lebensmitteln: für die Knechte Fleisch und Wein, für die Inquisitoren selber meist nur »potagium«, Suppengemüse. Und obwohl es für die Inquisitoren lebensgefährlich war, zu Fuss durchs Land der Ketzer zu ziehen, wollten sie keine Pferde. Nein, arm und selbstlos wollten die neuen Verfolgungsbeamten sein, arm und selbstlos wie Jesus.

Und demokratisch. An die Spitze jeder örtlichen Inquisition stellten die Dominikaner nicht etwa einen »Grossinquisitor« – das ist eine späte Erfindung der Spanischen Inquisition –, sondern zwei gleichrangige »socii«, das heisst auf deutsch »Genossen«, die alle Entscheidungen kollegial fällten. Damit nicht Willkür herrsche, sondern Gerechtigkeit.

Der Historiker Jean-Pierre Dedieu, der die Register der Inquisition statistisch ausgewertet hat, kommt zum Schluss, dass die Dominikaner in Toulouse, auch in Toledo übrigens, neun von zehn Verfahren noch während der Untersuchung wieder einstellten, weil ihnen die Beweise unsicher, die Zeugen unzuverlässig schienen. Nicht einmal ein Prozent der Angeklagten in Toulouse, nicht einmal zwei Prozent der Angeklagten später in Toledo endeten auf dem Scheiterhaufen; so gewissenhaft waren diese Inquisitoren bemüht, nur ja keinem Unrecht zu tun. Waren sie allerdings sicher, dass der Angeklagte wirklich ein Ketzer war, und zwar ein unbussfertiger, dann betrachteten sie es als ihre heilige Pflicht, den religiösen Verbrecher verbrennen zu lassen. Denn dann war diese Strafe ja, nach Thomas von Aquin, »gerecht«.

Das also war, nach dem Fiasko in Deutschland, die neue, saubere, wahrhaft heilige Inquisition. Von Anfang an geriet sie in die schlimmsten Schwierigkeiten. Die korrupten örtlichen Behörden, die bisher die Ketzer verfolgt hatten und die sich diese Pfründen nicht wegnehmen lassen wollten, sabotierten die Arbeit der neuen päpstlichen Inquisitoren nach Kräften. Sie weigerten sich zum Beispiel, das beschlagnahmte Vermögen verurteilter Ketzer seinem legalen Zweck zuzuführen, nämlich der Finanzierung der neuen Inquisition. In den Protokollen der Dominikaner von Toulouse wimmelt es von Notizen folgender Art: Schon wieder habe man bereits dingfest gemachte Ketzer laufen lassen müssen, weil das Gefängnis nicht repariert werden könne »propter defectum cimenti«, weil das Geld fehle für Zement.

Das Schlimmste war die Sabotage aus Rom selbst: Päpstliche Beamte, sogenannte Pönitentiare, kamen regelmässig nach Norden gereist, um bereits überführten und verurteil-

ten Ketzern gegen viel Geld römische Freisprüche zu verkaufen. 1249, nach 16 Jahren redlichem Bemühen, wurde
es den Dominikanern von Toulouse zuviel. Sie traten in den
Streik. Sofort griff der Streik auf »la France« über, das heutige
Nordfrankreich.

Was die deutschen Inquisitoren betrifft, so brauchten sie
gar nicht in den Streik zu treten. Sie waren regelrecht aus-
gesperrt. Wohl hatte der Papst aus den Dominikanerklös-
tern von Strassburg, Salzburg und Köln neue Inquisitoren
für Deutschland bestellt. Nach dem Amoklauf Konrads von
Marburg schlug ihnen jedoch ein solcher Hass entgegen,
nicht nur aus dem Volk, sondern auch aus den staatlichen
Behörden, dass sie keinen Finger mehr gegen die Ketzer rüh-
ren konnten. Der neue Generalmagister der Dominikaner,
Johannes Teutonicus, wie der Name sagt, ein Deutscher, vertrat die Ansicht, der Orden insgesamt solle lieber die Finger
lassen von diesem undankbarsten aller kirchlichen Geschäfte.

Sechs Jahre dauerte der Streik der dominikanischen Inquisitoren. Mehr als einmal schien es, als löse sich die ganze
Verfolgungsbehörde endgültig auf. Dann, im Frühjahr 1255,
geschah das Unvorstellbare: Der Papst gab nach. In einer
Reihe von Erlassen gestand er der Inquisition jene weitge-
henden Sonderrechte zu, die die streikenden Dominikaner
verlangten, um endlich gewissenhaft, sauber und gerecht arbeiten zu können. So sauber und gerecht, dass die Inquisition schon bald danach in allen lateinischen Ländern den
Beinamen »Sanctum Officium« bekam, »le Saint-Office«: das
»Heilige Büro«.

Konrad von Marburg bekam derweil von der Nachwelt
den Beinamen »der deutsche Ketzermeister«. Als solcher
steht er noch heute im Bilderbuch der Vorurteile. Kaum ein

Deutscher, der sich nicht den »typischen Inquisitor« so vorstellt wie ihn; als einen bösen, alten, perversen Wüterich.

Schön wär's. Aber wahr ist leider das Gegenteil. Am Amoklauf des »deutschen Ketzermeisters« wäre die Inquisition fast zugrunde gegangen. Gerettet wurde sie durch eine neue, junge Generation von hochgebildeten, fortschrittlichen und demokratischen Verfolgungsbeamten. Erst mit jenen Dominikanern von Toulouse und Paris, die bereit waren, für eine saubere Ketzerverfolgung sogar gegen den Papst zu streiken, erst mit ihnen senkt sich über das später Mittelalter die neue, schon höchst moderne Schreckensherrschaft des »Heiligen Büros«.

14. Stück
Die zehn Vorhäute Jesu

*Worin wir mit Kaiserinmutter Helena
auf Kreuzfahrt gehen*

Sicher habt ihr alle schon viel Böses über Kaiserinmutter Helena gelesen: Was Jacob Burckhardt alles geschrieben hat über ihre wilden Jugendjahre in einer Schenke am Bosporus, und wie sie, im Tross des Römischen Heeres, aufstieg zur Konkubine von Kaiser Constantius. Wie sie sodann, von ihrem Sohn Konstantin zur Augusta Imperatrix befördert, den kaiserlichen Hof gnadenlos tyrannisierte, dies alles und noch sonst viel Böses habt ihr alles längst gelesen. Da wird es Zeit, dass ich euch über Kaiserinmutter Helena auch einmal etwas Gutes berichte. Wie aus der wilden Helene im reifen Alter die fromme Helene geworden ist, schliesslich gar, im ganz hohen Alter, die heilige Helena, »dieses lasst uns mit Bemühn / heute in Erwägung ziehn«.

Anno 312, als ihrem Sohn vor der Schlacht an der Milvischen Brücke ein leuchtendes Kreuz am Himmel erschien, dazu die Prophezeiung: »In diesem Zeichen wirst du siegen«, da, so heisst es, habe Konstantin selber die göttliche Botschaft gar nicht verstanden. Kaiserinmutter Helena aber verstand sofort. Nicht etwa nur das kurz am Himmel aufgeflammte Zeichen, nein, das echte, das »Wahre Kreuz«, sollte ihren Sohn, ja es sollte das ganze Römische Imperium immerdar beschützen. Wo aber war es, das »Wahre Kreuz«, das auf Golgatha gestanden hat? Helene fragte Mönche, Bischöfe, Patriarchen. Keiner wusste es.

Doch Kaiserinmutter Helena war eine jener Frauen, die, wenn sie einmal eine Idee haben, nicht mehr davon ablassen. Schon fast achtzigjährig schiffte sie sich im Jahr 326 von Konstantinopel nach Palästina ein. Auch dort leider nichts als Enttäuschungen. Kein Christ hatte die geringste Ahnung, wo das Kreuz Jesu geblieben sein könnte. Da, im letzten Augenblick, so berichtet der Historiker Sozomenos, trat ein weiser alter Jude vor die Augusta Imperatrix. Er besitze uralte Dokumente, Pläne gar, aus denen punktgenau hervorgehe, wo das Wahre Kreuz in Jerusalem versteckt liege. Und er führte Helena zu jener Stelle, wo heute die Grabeskirche steht. Dort deutete er auf den Boden: »Hier! Genau hier!«

Helenas Leibwache brauchte kaum zu graben, da kam schon das Wahre Kreuz hervor. Erstaunlich gut erhalten. Ja geradezu neu. »Weitergraben!«, mahnte der Alte. Und siehe, von der Dornenkrone bis zu den Nägeln, mit denen Jesus gekreuzigt war, ja bis hin zur Tafel mit der Inschrift »INRI«, auch sie wie neu gemalt, kam alles wunderbar zutage. Sogar der Schwamm, mit dem ein Soldat Jesus getränkt hat, war noch so feucht, als wäre er gestern erst in Essig getaucht worden. Kaiserinmutter Helena war überwältigt. Der weise alte Jude aber liess sich taufen und ward alsbald erhoben zum Bischof von Jerusalem.

Kaum hatte sich der Fund des Wahren Kreuzes herumgesprochen, kamen alle möglichen Leute mit bisher verschollenen Reliquien zur Kaiserinmutter gelaufen. Nach ihrem Prinzip »Geld spielt keine Rolle« gelang es Helena, die nahtlose Tunika Christi zu erwerben, jenen Heiligen Rock, der später nach Trier gelangte, sowie, am wichtigsten, die kostbaren Gebeine der Heiligen Drei Könige. Zum Kentern vollgeladen mit Reliquien war das kaiserliche Schiff, mit dem sie nach

Konstantinopel zurückgesegelt kam, von allem Volk am Hafen jubelnd empfangen als heilige Helena.

So entwickelte sich am byzantinischen Hof ein eigentliches Damenprogramm: Während die Kaiser Krieg führten, waren die Kaiserinnen und vor allem die Kaiserinmütter damit beschäftigt, quer durch den Orient, als heiligen Schutz für das Byzantinische Reich, alle nur denkbaren Überreste christlicher Märtyrer zusammenzukaufen.

Und jetzt die Frage aller Fragen: Wenn Konstantinopel, seit Helenas Tagen, so vollgestopft war mit schützenden Reliquien, wie war es dann möglich, dass ein muslimisches Heer die allerchristlichste Stadt am 29. Mai 1453 erobern konnte?

Ich will euch sagen warum: Wir selber sind daran schuld. Wir Christen des Westens. Statt, wie vom Papst befohlen, das Heilige Land zu befreien, fielen wir auf dem 4. Kreuzzug über Konstantinopel her und plünderten im Jahr 1204 die allerchristlichste Kapitale bis zur völligen Verwüstung. Zu Schiff, zu Pferd, auf Eseln und Ochsenkarren ging es mit den immensen Reliquienschätzen vom Bosporus nach Westen ab.

Wie sich all diese unzähligen Reliquien auf dem Transport nach Westen noch einmal wunderbar vermehren konnten, bleibt ein Rätsel, das die Historiker auf den Begriff »Reliquien-Multiplikation« gebracht haben. Vom Wahren Kreuz der heiligen Helena etwa hatten französische Kreuzritter, nach ihrem eigenen Bericht, in Konstantinopel »einen Balken etwa von der Länge eines Männerbeines« gestohlen. Jetzt wurden im Westen so viele Splitter davon feilgeboten, dass der Humanist Erasmus von Rotterdam spotten konnte, Jesus müsse an einem ganzen Wald von Kreuzen gehangen haben.

Doch warum hatte Kaiserinmutter Helena so hartnäckig nach dem Kreuz gesucht? Weil es, nach der Auferstehung, undenkbar schien, von Jesus selbst körperliche Überreste zu finden. So etwas wie der riesige Backenzahn Buddhas, der heute noch auf Ceylon verehrt wird, schien beim Auferstandenen unmöglich.

War es wirklich unmöglich? Nein. Jesus war ein kleiner Jude gewesen. Lange vor der Auferstehung war er beschnitten worden. Da konnte es nicht lange dauern, bis byzantinische Reliquienjäger die »Heilige Vorhaut« entdeckten. In Frankreich angekommen sind allerdings zehn Vorhäute. Bis dann im Jahr 1610 der Reif des Planeten Saturn entdeckt wurde und Leone Allacci, ein römischer Theologe, die These verbreitete, dieser Reif des Saturn sei nichts anderes als die Vorhaut Jesu, die gleich nach der Beschneidung separat zum Himmel aufgefahren sei. Und so seien die zehn französischen Vorhäute allesamt als Fälschungen entlarvt.

Die grösste Reliquien-Inflation aller Zeiten aber fand, wie zu erwarten, in Deutschland statt. Friedrich der Weise, Kurfürst von Sachsen, ist bekannt als Beschützer Martin Luthers. Jedoch war er weise genug, selber katholisch zu bleiben. Seine Reliquiensammlung, das »Wittenberger Heiltum«, umfasste 18.870 Reliquien, darunter Brosamen vom Letzten Abendmahl, die Zehe des Dulders Lazarus, Manna aus der Wüste, den Brennenden Dornbusch, Stroh von der Krippe Jesu sowie – Thilo Sarrazin wird es gar nicht gerne hören – das Kopftuch der Jungfrau Maria.

Längst sind die Wittenberger Reliquien in alle protestantischen Winde zerstreut. Trauern wir ihnen nicht nach. Was einstmals Konstantinopel war, die wahre Metropole christlicher Reliquien, das ist heute das heilige Köln. Zu Recht schätzt der Kölner Stadthistoriker Martin Stankowski, dass keine Stadt der Christenheit pro Quadratmeter so viele Reliquien besitzt wie Köln. Oder wart ihr noch nie in der Kirche Sankt Ursula? Dann aber schnell hin! Ein ganzes Gewölbe, die »Goldene Kammer«, ist dort verziert mit den Gebeinen jener elftausend Kölnerinnen, die, um ihre Jungfräulichkeit zu bewahren, zusammen mit der heiligen Ursula das Martyrium erlitten haben. Oder wart ihr noch nie in der Dominikanerkirche in der Lindenstrasse? Dann nichts wie hin! Dort ist jenes kostbare Stück Holz vom Wahren Kreuz ausgestellt, das Kaiserinmutter Helena entdeckt und König Ludwig der Heilige später dem heiligen Albertus Magnus von Köln geschenkt hat. Oder wart ihr überhaupt noch nie im Kölner Dom? Da strahlt, hoch über dem Altar, der schönste aller »Helenenfunde«. Das ist der Schrein mit eben jenen Gebeinen der Heiligen Drei Könige, die Kaiserinmutter Helena einst heimgebracht hat aus Jerusalem.

Die wertvollsten Reliquien Kölns aber werdet ihr nie zu sehen bekommen. Sie befinden sich in Privatbesitz. Ich will jetzt nicht behaupten, dass ich selber die schönste Reliquiensammlung von Köln besitze. Und doch …

Schaut her! Hier, ganz in Gold, ein Knöchelchen des heiligen Franziskus: hilft gegen Kopfweh und Pest. Hier ein Stück aus dem Schulterblatt des heiligen Joseph: hilft gegen Augenleiden. Hier ein gebrochener Knochen der heiligen Franziska von Rom: hilft gegen Auto-Unfälle. Hier, in Silber gefasst, ein Knöchelchen des heiligen Karl Borromäus: hilft gegen Bauchweh, Magenkrämpfe und Geschwüre.

Ihr lacht? Auch meine ungläubigen Freunde haben über meine Reliquien immer nur gelacht. Abergläubisch, wie Ungläubige sind, haben sie dafür an Ärzte geglaubt, an Medikamente. Und dann? Dann sind sie, einer nach dem andern, gestorben. Ich aber bin schon fast so alt wie Kaiserinmutter

Helena. Und erfreue mich blühender Gesundheit. Denn ich glaube nicht an die Pharma-Industrie, sondern, viel vernünftiger, an Reliquien.

Jetzt lacht ihr nicht mehr! Jetzt lese ich in euren Augen nur noch die neidvolle Frage, ob ich nicht bereit sei, wenigstens eine, eine ganz kleine von meinen vielen Reliquien zu verkaufen. Da muss ich traurig den Kopf schütteln. So gern ich es täte, ich darf das leider nicht. Reliquienhandel ist streng verboten.

Und das seit ältesten Tagen. Kaiser Theodosius war, wie ihr alle wisst, sehr fromm, allerdings auch sehr humorlos. Humorlose Leute sind daran zu erkennen, dass sie sich über Reliquien ärgern. Über den Reliquienrummel, den Kaiserinmutter Helena im Byzantinischen Reich ausgelöst hatte, war Theodosius so wütend, dass er jeglichen Handel mit Märtyrergebeinen am 26. Februar 386 hochfeierlich und streng verbot. Kaiser Theodosius hat traurige Berühmtheit dafür erlangt, dass sich kein Untertan je an seine Verbote gehalten hat. So wie sich heute leider niemand an die Verbote des Heiligen Vaters in Rom hält. Denn auch das heutige Kirchenrecht verbietet den Reliquienhandel drakonisch. Wörtlich heisst es in Kanon 1190: »Es ist absolut verboten, heilige Reliquien zu verkaufen.« Scharf hat der Vatikan protestiert, als im Jahr 2007 ein Splitter vom Heiligen Kreuz bei Ebay versteigert werden sollte.

Jetzt möchtet ihr sicher alle wissen, wie ich denn selber zu so vielen Reliquien gekommen sei. Auf die einfachste Weise der Welt: Ich habe sie gekauft. Und was das Schönste daran ist: Ich durfte sie kaufen. So nämlich will es das Kirchenrecht: Ein Gläubiger darf eine Reliquie kaufen, wenn er sie einem Ungläubigen abkauft – damit sie in gute Hände gelange. Und da die Antiquitätenhändler am Kölner Römerturm, nach meiner Einschätzung, alles Ungläubige sind, durfte ich ihnen eine Reliquie nach der andern guten Gewissens abkaufen. Selber verkaufen aber darf ich sie nicht. Wenn ein Katholik seine Reliquien nicht mehr will, muss er sie der Kirche schenken. So will es das Kanonische Recht. So steht es, ob's euch gefällt oder nicht, in meinem Testament: Sollte ich eines Tages, so alt und lebenssatt wie Kaiserinmutter Helena, das Zeitliche segnen, so vermache ich alle meine kostbaren Reliquien, nicht etwa euch, nein, meine ungläubigen Leser, euch gewiss nicht, sondern ihm allein, meinem hochverehrten Seelenfreund und Seelenhirten Joachim Kardinal Meisner, em. Erzbischof zu Köln am Rhein.

15. Stück
Dominikus und Franziskus
Worin wir das Konkurrenzprinzip heiligsprechen

Im Kloster zu Bologna lag der heilige Dominikus. Er fühlte den Tod kommen. »Hier will ich nicht sterben«, sprach er zu seinen Brüdern, den ersten Dominikanern. »Tragt mich hinaus vor die Stadt. Ich will sterben, wo die Luft rein ist.«

So haben sie den Spanier hinaufgetragen auf jene sanften Hügel Italiens, die damals noch von paradiesischer Schönheit waren. Oben bei Santa Maria del Monte breiteten sie einen Wollsack aus und legten den Sterbenden darauf nieder. Gespannt hingen die Brüder alle an seinem Mund. Galten doch die letzten Worte eines Heiligen im Mittelalter als sein eigentliches, kostbares Vermächtnis.

»Ich habe«, sprach der heilige Dominikus, »in allem nach Vollkommenheit gestrebt. In manchem habe ich sie erreicht. In einem aber bin ich unvollkommen geblieben.« Ein letztes Mal liess er die Augen über seine Mönche schweifen: »Viel lieber als mit euch, geliebte Brüder, habe ich mich stets mit jungen Frauen unterhalten.« Sprach's und verschied.

Das war am 8. August 1221. Was danach geschah, schildert der selige Jordan von Sachsen, der zweite Ordensmeister der Dominikaner, im Tonfall heller Empörung. Wohl sei das Volk »Tag und Nacht« zum Grab des heiligen Dominikus geströmt, in der Hoffnung auf wunderbare Heilungen. Doch dann sei das Unverzeihliche geschehen. Die Söhne des heiligen Dominikus, die ersten Dominikaner, sie selber hätten alles darangesetzt, die aufblühende Verehrung ihres Stifters zu ersticken. Die Votivtafeln, die am Grab des Heiligen seine Wunder priesen, hätten sie, von »Geschäftemacherei« sprechend, verächtlich weggeworfen, die Nachbildungen geheilter Augen, Hände und Füsse am Boden zerschlagen. Schlimmer noch: das Grab selber hätten die Dominikaner absichtlich nicht gepflegt und sie hätten die Gläubigen weggescheucht mit dem Argument, wörtlich so, »es genüge völlig, dass das unsterbliche Andenken des heiligen Dominikus bei Gott bekannt sei, man brauche sich nicht darum zu kümmern, es auch den Menschen zur Kenntnis zu bringen«.

Die Lieblosigkeit der Brüder sollte sich bitter rächen. Gar nicht so weit von Bologna entfernt liegt nämlich Assisi. Dort, am Grab des andern grossen Ordensstifters jener Zeit, am Grab des heiligen Franziskus, ging es anders zu. Da wurden die Gläubigen von den Franziskanern herzlich empfangen. Da geschah Wunder über Wunder. Durch ganz Europa lief die Kunde, der heilige Franziskus wirke »die gleichen Wunder wie Jesus«, »jedoch in grösserer Zahl«. Unabsehbare Scharen von Gläubigen pilgerten nach Assisi. Sie pilgerten nicht nur, sie spendeten auch. O die wunderschöne dreistöckige Grabeskirche des heiligen Franziskus in Assisi mit Giottos grossartigen Fresken! Alles sehr sehr teuer. Dabei waren doch die Franziskaner, wie die Dominikaner, als Bettelorden angetreten. Doch sie brauchten nicht betteln zu gehen für die Franziskus-Basilika in Assisi. Das ist alles überreich erbaut und gemalt aus den freiwilligen Spenden begeisterter Pilger. Die Dominikaner wurden eifersüchtig.

Sie ahnten nicht, was noch auf sie zukam. Etwas näher noch bei Bologna als Assisi liegt nämlich Padua. Dort starb 1231, zehn Jahre nach dem heiligen Dominikus, der berühmteste Sohn des heiligen Franz, Antonius von Padua. Noch schneller als Franziskus selber, ein Jahr schon nach seinem Tod, war Antonius vom Papst heiliggesprochen worden. Er, von dem es hiess, er wirke »die gleichen Wunder wie der heilige Franz, jedoch in grösserer Zahl«. Auf nach Padua!

Alsbald kam es so, wie es heute noch ist: Nach Assisi und nach Padua pilgerten Millionen. Nach Bologna, ans Grab des heiligen Dominikus, pilgerte keine Seele. Im Konkurrenzkampf mit den Franziskanern gerieten die Dominikaner heillos ins Hintertreffen.

Es war der selige Jordan von Sachsen, der den Ernst der Lage erkannte. Jordan, der, nebenbei gesagt, nicht aus dem heutigen Sachsen stammte, sondern aus Osnabrück. Entschlossen erteilte er den Befehl, den heiligen Dominikus aus seinem schäbigen Rasengrab wieder auszugraben. In hochfeierlicher Prozession liess er ihn umbetten in jenen prachtvollen Marmorsarkophag, der heute noch in der Dominikanerkirche in Bologna steht. Leider brachte auch das kaum Pilger nach Bologna. Doch es machte den erwünschten Eindruck in der römischen Kurie. Kaum ein Jahr danach findet in Bologna, zeitweise auch in Toulouse, der päpstliche Prozess zur Heiligsprechung von Dominikus statt.

Ein ungewöhnlicher Prozess. Wir wissen das, weil die Akten erhalten sind. Nicht dass die Zeugen, die Brüder des heiligen Dominikus, Ungewöhnliches berichtet hätten. Wohl schilderten sie eine Anzahl Wunder, die Dominikus in ihrer Gegenwart gewirkt habe. Leider waren das aber alles Wunder, die Jahre zuvor schon von Franziskanern als Wunder des heiligen Franziskus bezeugt worden waren.

Anders, ganz anders als die Zeugen traten die Zeuginnen auf. Das waren Nonnen aus dem Orden des heiligen Dominikus. Es ist nämlich wichtig zu wissen, dass der heilige Dominikus ursprünglich gar keine Brüder, sondern, zehn Jahre vor ihnen schon, lauter Schwestern um sich geschart hat. Was diese jetzt dem päpstlichen Gericht als Argumente für die Heiligkeit ihres Stifters zu Protokoll gaben, ist wohl in keinem andern Heiligsprechungsprozess jemals vorgetragen worden. Eine Dominikanerin nach der andern schwärmte nämlich von den wunderschönen »blonden Haaren« des heiligen Dominikus. Dabei war er doch Spanier. Von seinen wunderschönen »blauen Augen« auch. Selbst die Schönheit seiner »sanften Hände« hat eine italienische Nonne im Prozess von Bologna aktenkundig bezeugt.

Wunderbare Heilungen wie etwa in Assisi und in Padua? Nein, davon sprachen die Schwestern kaum. Dafür umso mehr von der guten Laune des heiligen Dominikus. Und, immer wieder, von seiner ganz ungewöhnlichen Freundlichkeit im Umgang mit Frauen.

Es gibt bei den Dominikanern ein altes Sprichwort: »Ce que femme veut, Dieu le veut – Der Wille der Frau ist Gottes Wille.« Diesem göttlichen Willen sich beugend, hat Papst Gregor IX Dominikus am 3. Juli 1234 heiliggesprochen.

Alsbald geschah ein echtes, ein ganz grosses Wunder. Gleich nach der Heiligsprechung des Stifters begann im Dominikanerorden das Wunder der wunderbaren Nonnenvermehrung. In Frankreich und Spanien, in Italien und Deutschland drängten Zehntausende von jungen Frauen in den Dominikanerorden – so viele, dass der berühmte Theologe Edward Schillebeeckx, selber Dominikaner, von einer eigentlichen »Frauenbewegung« des Mittelalters spricht.

So überwältigend war die Begeisterung junger Frauen für den heiligen Dominikus, dass ein Generalkapitel der Dominikaner nach dem andern einen strikten Numerus clausus für Nonnen verhängen musste. Wie zu erwarten, half das nichts. Regelrecht gestürmt wurde der Orden des heiligen Dominikus von der mittelalterlichen Frauenbewegung.

Und dann das Unbegreifliche. Das Unverzeihliche. Ausgerechnet ein deutscher Dominikaner wird es sein, der das schlimmste Buch schreibt, das jemals über Frauen geschrieben worden ist. Im Dominikanerkloster zu Strassburg schreibt 1486 Pater Heinrich Kramer den »Hexenhammer«. Das ist eine einzige Anleitung dazu, Frauen zu verfolgen, Frauen zu foltern, Frauen umzubringen.

Was ist nur in Pater Heinrich gefahren? Ich will es euch sagen. Wie überall war auch in Strassburg das Dominikanerkloster von Klöstern der Dominikanerinnen regelrecht umstellt. Umzingelt von Frauen war Pater Heinrich. Es gibt Männer, die so etwas mögen. Andere bekommen davon Platzangst. War vielleicht dieser deutsche Dominikaner von – wie soll ich sagen – von frauenbewegten Frauen so belagert, dass er, jetzt mal psychoanalytisch gesehen, seinen »Hexenhammer« – beachtet das Wort »Hammer« – als Befreiungsschlag geschwungen hat, um, mitten in der Frauenbewegung jener Zeit, so etwas wie männliche Identität zu wahren? Mysterium iniquitatis! Geheimnis der Bosheit!

Doch jetzt eine Ehrenrettung: Lange Zeit hiess es, Heinrich Kramer habe sein böses Hexenbuch nicht allein geschrieben. Einen Komplizen habe er gehabt, den Kölner Dominikaner Jakob Sprenger. Inzwischen hat die historische Forschung zweifelsfrei festgestellt, dass das eine Verleumdung ist. Pater Heinrich war Alleintäter. Pater Jakob ist unschuldig.

Er war ja auch Kölner. Nirgendwo aber hat die spiritualis amicitia, die herzliche Seelenfreundschaft zwischen Töchtern und Söhnen des heiligen Dominikus' so wundersam geblüht wie zu Köln am Rhein.

Meister Eckhardt und die Rheinische Mystik! Meister Eckhardt und seine Predigten über »die Geburt Gottes in der Seele«! Ein urweibliches Bild ist das. So urweiblich wie alles, was Meister Eckhardt geschrieben hat. Es ist die Frucht der mystischen Seelenfreundschaft zwischen Nonnen und Mönchen zu Köln am Rhein.

Vollendet aber hat sich die Rheinische Mystik in jener »Rosenkranz-Mystik«, die, zwischen Dominikanerinnen und Dominikanern, den ganzen Rhein hinauf geblüht hat, von Köln über Kolmar bis nach Konstanz. Dort hat der selige Heinrich Seuse gelebt. Wie alle Mystiker hatte er eine empfindliche Seele. Viel hat er gelitten unter seinen bösen Brüdern im Konstanzer Dominikanerkloster. Dafür hat er Trost gefunden bei einer seelenverwandten Schwester. Das war die gottselige Elisabeth Stagl, eine starke, selbstbewusste Schweizerin aus dem nahen Kloster der Dominikanerinnen von Katharinental. So oft hat Heinrich Seuse ihres Zuspruchs bedurft, dass sich die Forschung heute gar nicht mehr im klaren ist, was der selige Heinrich selber geschrieben und was ihm seine Elisabeth diktiert hat.

Wisst Ihr übrigens, woher das Wort »Rosenkranz« kommt? Es stammt aus der altdeutschen Erotik. Wenn zwei Verliebte einander ihre Liebe bezeugen wollten, dann flochten sie füreinander Kränze von Rosen. So auch haben einst zu Konstanz am Rhein Heinrich Seuse und Elisabeth Stagl der Gottesmutter Maria Kränze von Rosen geflochten. Heinrich und Elisabeth, Elisabeth und Heinrich.

Jetzt ein Blick in unsere eigene Zeit. Ein nüchterner Blick in die nüchternen Zahlen der vatikanischen Statistik. Auf der ganzen Welt gibt es derzeit nur 4000 Dominikaner, dafür aber 42.000 Dominikanerinnen. Mehr als zehn Nonnen auf einen Mönch!

Das ist, von Jahrhundert zu Jahrhundert fortwirkend, der himmlische Segen des heiligen Dominikus. Der Segen eines Heiligen, der im Sterben noch von nichts anderem geschwärmt hat als von der Anmut des weiblichen Geschlechts. Mögen andere Gottesmänner alles daran setzen, den Frauen die katholische Kirche zu verleiden – der heilige Dominikus ist anders. Ganz anders. Bei ihm ist es den Frauen heute noch himmlisch wohl. Wie schrieb doch die grösste Dominikanerin, die heilige Katharina von Siena?

»Der Orden des heiligen Dominikus ist wie ein Garten unermesslich schön, voll Duft und guter Laune.«

16. Stück
Am besten schweigen

Warum Thomas von Aquin der grösste christliche Theologe ist

Es geschah am 6. Dezember 1273. Mitten in seinem epochalen Meisterwerk, mitten drin in der »Theologischen Summe«, brach Thomas von Aquin alle Arbeit ab. Wohl kam er, wie gewohnt, morgens nach der Messe zu seinem Sekretär Reginald von Piperno. Doch er sagte kein Wort. Er schrieb nicht. Er diktierte keinen Satz. »Ich kann nicht«, war seine einzige Erklärung.

Als Reginald, sein Ordensbruder und Freund, das lähmende Schweigen nicht mehr ertrug und bestürzt in ihn drang, fügte der 48jährige nur diesen Satz hinzu: »Alles, was ich geschrieben habe, kommt mir vor wie Stroh.« Vier Monate später war Thomas von Aquin tot.

Der Mann, dem sein eigenes Werk vorkam wie Stroh, gilt als der bedeutendste Theologe der katholischen Kirche. Doch so erstaunlich das jähe Ende seiner Laufbahn anmuten mag, viel erstaunlicher noch war ihr Beginn.

Auf Burg Roccasecca bei Aquino im Königreich Neapel herrschte im Jahr 1244 helle Aufregung. Thomas, der jüngste Sohn dieser mächtigen Herzogsfamilie, war entlaufen. Zu den Bettelmönchen. Zu den Dominikanern. Er hätte, so umschreibt der englische Schriftsteller G.K. Chesterton den Skandal, »ebensogut eine Zigeunerin heiraten können«. Als dann auch noch die Nachricht eintraf, dass der hochadelige neue Bettelmönch aus dem nahen Neapel aufgebrochen sei ins ferne Paris, beschloss der feudale Familienrat zu handeln.

An der Reiterstrasse, die von Rom nach Norden führt, liegt Familie von Aquin im Gebüsch. Durch diese hohle Gasse muss Thomi kommen. Und er kommt. Kurz ist das Handgemenge. Der Überwältigte wird von seinen Brüdern auf ein Schlachtross gebunden. Ab geht es mit dem verlorenen Sohn ins Familiengefängnis auf der heimatlichen Burg. Dieses war der erste Streich.

Doch der zweite folgt sogleich. War Familie von Aquin auch ein Adelsgeschlecht des 13. Jahrhunderts, so hatte sie doch einen ähnlichen Horizont wie eine deutsche Spiesserfamilie heute: »Der braucht gesunden Sex!« Eine aufreizend kostümierte Hure ist es, die ihm seine Brüder, gleich nach der Ankunft, in den Familientower nachschieben.

Nie in seinem Leben, heisst es, habe der heilige Thomas die Fassung verloren. Dieses eine Mal aber schon. Furchtbar grob soll er gewesen sein. Grob zu einer Dame! Wehklagend rannte sie davon.

Mitternacht, die Geisterstunde. Dank der Komplizenschaft seiner kleinen Schwester türmt Thomas von Aquin an einem langen Seil aus dem Familientower. Ein Jahr ist vergangen seit seiner Gefangennahme. Doch wieder erfüllt, wie zuvor, das gleiche unbeschreibliches Hochgefühl den Ausreisser: Auf nach Paris!

Paris war Europas geistige Hauptstadt. Paris war die kulturelle Drehscheibe des Kontinents. Welche hohe Schule konnte sich messen mit der Universität Paris? Nicht Bologna, nicht Oxford, nicht Köln. Die frechsten Mäuler Europas stritten sich an der Seine. Die seriösesten Gelehrten auch. Die Studenten alle hatten nur eines im Sinn: Auf nach Paris!

Und mitten drin im Quartier Latin der Studenten das neueste von allen akademischen Kollegien. Das beste. Das Kloster Saint Jacques der Dominikaner.

Familie von Aquin muss schon sehr dumm gewesen sein, um nicht zu merken, dass mit den Dominikanern mehr nach Neapel gekommen war als nur ein lumpiger Bettlerhaufen. Gewiss hatte der heilige Dominikus, ähnlich wie zu gleicher Zeit Franziskus, einen Bettelorden gegründet, doch im Grunde hatte er eine andere Vision. Ein Orden der religiösen Intelligenz sollten seine Mönche sein. Wo sie hinkamen, die ersten Dominikaner, nach Paris, Salamanca, Köln, Krakau, liefen ihnen an den Universitäten die Studenten, die Professoren in hellen Scharen zu. Die Bürger und die Kaufleute – Europas neue städtische Klasse – strömten in ihre Predigten.

Ein Lebensgefühl der unbegrenzten Möglichkeiten erfüllte die beiden neuen Orden. Franziskaner trekkten durch das innerste Asien bis nach Peking. Dominikaner schifften sich derweil im Norden ein. Auf winzigen Schiffen segelten sie nach Grönland. Wahrscheinlich sind sie, lange vor Columbus, nach Winland gelangt, nach Amerika. In einem ersten Vorgefühl der Renaissance durchbricht eine neue Generation von Wandermönchen die alten Festungsmauern des mittelalterlichen Abendlands.

Aber ist so etwas nicht riskant?

Und wie! Während die Franziskaner nach Peking wandern und die Dominikaner nach Grönland rudern, erobern die Araber Paris.

Nicht militärisch. Militärisch waren wir Christen schon damals ziemlich tüchtig. Aber geistig waren wir nicht ganz auf der Höhe. Siegreich drang aus dem muslimischen Süden Spaniens, aus Cordoba, das überlegene arabische Denken nach Norden. Mitten hinein nach Paris. Nicht etwa nur so eine akademische Mode war das, sondern ein reissender Strom, der alle christlichen Dämme wegzuspülen drohte.

Warum waren uns die Araber geistig überlegen? Etwa, weil wir Christen dümmer waren? Nein, im Gegenteil. Die Araber des Mittelalters dachten besser, weil sie europäischer dachten als wir.

»Selbstverschuldete Dummheit«, wird Thomas von Aquin später lehren, »ist Sünde.« Es darf als Todsünde bezeichnet werden, wie das christliche Mittelalter umgegangen war mit dem wissenschaftlichen Erbe der europäischen Antike. Die grossen Naturforscher und Philosophen durften alle bei uns nicht mehr gelesen werden. Denn das waren Heiden. Verboten war vor allem Aristoteles, der klassische Meister des antiken empirischen Denkens. Aus dem Griechischen zuerst ins Arabische, dann aus dem Arabischen ins Lateinische übersetzt, kehrte jetzt das heidnische Denken des Aristoteles aus Cordoba machtvoll ins Abendland zurück.

Viele Professoren waren in Paris. Der arabischen Herausforderung gewachsen war ein einziger: Albert der Deutsche im Collège Saint-Jacques der Dominikaner. Während der Papst unentwegt ein Aristoteles-Verbot nach dem andern nach Paris schleuderte, las Albert eben diesen Aristoteles ohne jede Scheu. Was ist das überhaupt für ein Christentum, das sich nicht getraut, von Heiden etwas zu lernen! Die Aristoteles-Kommentare des deutschen Gelehrten rissen die Pariser Studenten hin. Albertus Magnus wird man ihn nennen, Albert den Grossen.

Unter seinen Schülern fiel Albert einer auf. Ein eher schüchterner, schweigsamer Italiener: Thomas von Aquin.

Ihn nahm er bald darauf aus Paris mit an die Universität Köln. Als seinen Assistenten.

Jahre danach wird Thomas von Aquin einem Studenten, der ihn nach der besten Art zu studieren fragte, diesen Rat geben: »Kümmere dich überhaupt nicht um das, was andere tun!« Diese wortkarge Eigenwilligkeit des jungen Italieners hat allerdings die Kölner eher befremdet. Spöttisch nannten sie ihn den »stummen Ochsen«. »Wartet nur«, entgegnete Albert der Grosse, »wartet, bis dieser stumme Ochse sein Maul auftut. Ganz Europa wird dann staunen.«

Staunen wird zuerst Paris. Dorthin kehrt Thomas von Aquin 1252 zurück. Als 26jähriger Starprofessor. So stellten sich das jedenfalls die Dominikaner vor.

Aber schon sein erster Auftritt in Paris löst bei den Verteidigern des alten Verbotsdenkens derartige Empörung aus, dass der König von Frankreich, um den Tumult niederzuschlagen, Truppen ins quartier latin schicken muss. Wagemutiger noch als sein deutscher Lehrer, mit genialem intellektuellem Talent nimmt der junge Italiener in Paris die Herausforderung des Jahrhunderts an: das neu aus Cordoba hereindringende heidnische Denken der Antike nicht zu verdammen, sondern es mit der christlichen Überlieferung schöpferisch zu verbinden.

»Thomas von der Schöpfung« wird man ihn nennen. Seine entschlossene Hinwendung zum empirischen Denken des Aristoteles bedeutet nämlich vor allem eines: Thomas von Aquin bejaht die Welt, er bejaht die materielle Realität so vorbehaltlos, dass seine theologischen Gedankengänge manchmal fast an Karl Marx gemahnen. Vor allen Dingen bejaht dieser mittelalterliche Heilige die Körperlichkeit des Menschen. Und er spottet über die These mancher Theologen, dass die Sexualität erst mit der Sünde in die Welt gekommen sei. Wenn das so wäre, schreibt Thomas von Aquin wörtlich, »dann wäre die Sünde ja nötig gewesen, damit etwas so Gutes in die Welt komme«.

Zuerst in Paris, dann in Rom und Neapel und zwischendurch wieder in Paris, steigert sich seine Schaffenskraft, seine Freude am Denken, ins Legendäre. Insbesondere sein Hauptwerk, die »Theologische Summe«, ist im Entwurf so kühn und weit angelegt, dass sich ein Vergleich aufdrängt: So waren die höchsten Dome des Mittelalters gebaut.

Jahr für Jahr hat Thomas von Aquin, umgerechnet in ein modernes Format, etwa viertausend Schreibmaschinenseiten geschrieben. Wie war ein solches Werk möglich in einer Zeit ohne Schreibmaschine, ohne Tonband, ohne Computer?

Thomas hat ständig vier Sekretäre beschäftigt. Wie ein Schachspieler, der gleichzeitig vier Partien spielt, ging er von einem zum andern und diktierte vier verschiedene Texte. Simultan.

So vollständig ist Thomas von Aquin im Lehren und Schreiben aufgegangen, dass er, anders als Albertus Magnus, nie irgendwelche kirchlichen Würden annehmen wollte. Nichts hat er neben seiner Lehrtätigkeit geführt als das Gebetsleben eines einfachen Mönchs. Von ihm stammt, in Text und Melodie, der schönste Hymnus der katholischen Kirche: »Gottheit tief verborgen, betend nah ich Dir«:

> *»Adoro te devote, latens Deitas,*
> *Quae sub his figuris vere latitas.*
> *Tibi se cor meum totum subjicit,*
> *Quia te contemplans totum deficit.«*

Und dann, im Alter von 48 Jahren, von niemandem vorausgesehen, das jähe Ende. Europas berühmtester, auch umstrittenster Lehrer gibt von einem Tag auf den andern auf: »Reginald, ich kann nicht. Alles was ich geschrieben habe, kommt mir vor wie Stroh.«

An einem nur war Thomas von Aquin in diesen letzten Tagen vor seinem Tod noch gelegen: Die Gräfin Theodora von San Severino wollte er wiedersehen. Das war jene jüngere Schwester, die ihm einst beim Ausbruch aus dem Familiengefängnis geholfen hatte. Jetzt war auch die Schwester entsetzt über sein hartnäckiges, unerklärliches Verstummen. Sie bat Reginald von Piperno, noch einmal in ihren Bruder zu dringen, was denn los sei mit ihm.

Thomas von Aquin sah den Freund an: »Alles, was ich geschrieben habe, kommt mir vor wie Stroh – verglichen mit dem, was ich geschaut habe, und was mir offenbart worden ist.«

17 Stück
Lieber Montaigne als Kant
Worin wir aus den Weinbergen von Bordeaux persische Weisheit schlürfen

»Jeden Morgen, wenn ich erwache, erfüllt mich eine wortlose Freude. Ich erblicke das Licht und es bezaubert mich. Den ganzen Tag bin ich dann ein fröhlicher Mensch.«

Worte des Philosophen Montesquieu. In keinem Lehrbuch sind sie zu finden. In deutschen Lehrbüchern schon gar nicht. Obwohl der französische Philosoph dort einen Ehrenplatz einnimmt. Allerdings nicht als Vorbild für die Lebensfreude, sondern als logisch strenger Vordenker der demokratischen Staatsordnung. Stoff fürs Hauptseminar also, quälender Stoff für die Prüfung in politischem Bescheidwissen. Lassen wir uns dadurch die gute Laune nicht verderben, lassen wir uns lieber, wie Montesquieu selber, verzaubern vom Licht der Welt. »Licht« hat ja im Französischen mehr Bedeutungen als im Deutschen. Der Plural »Les lumières« heisst soviel wie »Aufklärung«. Als einer der ersten hat Montesquieu alle Vorurteile der eigenen Nation ins Licht des kritischen Denkens gerückt. Mit Montesquieu beginnt, eine halbe Generation vor Voltaire, die französische Aufklärung: »Les lumières«.

Noch unter der Herrschaft des Sonnenkönigs, am 18. Januar 1689, hat Charles-Louis de Secondat Baron de la Brède et de Montesquieu das Licht der Welt, das ihm so gefallen wird, zum ersten Mal erblickt. Leute, die gern über Daten streiten, wenden ein, dies sei wohl nicht Montesquieus Geburtstag, sondern der Tag seiner Taufe. Unumstritten jedoch ist der Ort seiner Geburt: das Schloss La Brède in der Nähe von Bordeaux. Von Frankreichs unzähligen Châteaux ist dies gewiss nicht das grösste und nicht das berühmteste. Aber es ist das schönste.

Wie hingezaubert spiegeln sich die vielen gotischen Türmchen dieses altertümlichen Schlösschens in den Teichen, die es rings umgeben. Weit gleitet der Blick hinaus in die Weinberge von Bordeaux: Saint-Estèphe, Saint-Julien, Saint-Exupéry, Saint-Emilion. Die Namen allein sind eine Legende von Lebensgenuss und Lebensfreude. Wer hier geboren ist, muss guter Laune sein.

Mitten in den Weinbergen von Bordeaux wird Montesquieu jene Bücher schreiben, die dem politischen Denken Europas den Weg in die Moderne weisen. Aus Paris, aus London, von allen seinen Reisen ist er stets nach La Brède zurückgekehrt. »Dies«, schreibt er selber, »ist das schönste Landgut der Welt.«

Es verstand sich von selber, dass der junge Montesquieu, wie sein Vater, Karriere machen sollte im Parlament von Bordeaux. Dabei ist »parlement« ein irreführendes Wort. Es kommt von »parler«, »reden«, und meint ganz einfach einen Ort, wo viel und gern geredet wird. Heute ist das ein Abgeordnetenhaus, damals aber, in Bordeaux, war es das Gericht. Hier wurde ihm, mit sechsundzwanzig schon, die höchste Würde, die Hermelinrobe eines »président à mortier« verliehen.

Doch so eitel sie ihre Roben trugen, reger als über Gesetze und Strafen haben die Richter von Bordeaux über etwas anderes parliert. Fast alle waren sie ja, wie Montesquieu selber,

Besitzer ausgedehnter Weinberge. Lang ist die Liste grosser Weine, die heute noch die Namen von Richtern tragen, die Montesquieus Kollegen waren: Lynch Bages, Pichon Longueville, Lascombes, Calon Ségur. Kein Wunder, dass der Gerichtsbetrieb in Bordeaux von August bis Oktober drei Monate lang ruhte. Die Richter waren alle in ihren Weinbergen.

Und die Stadt selber? Ein Blick auf die Stiche, die Bordeaux in jenen Tagen zeigen: Der erste Eindruck ist gar nicht der einer Stadt in Frankreich, sondern viel eher eines englischen Hafens. Da liegen sie alle vor Anker, die Frachter aus Amerika, aus Afrika, vor allem aber die englischen Segler. Keine Erbfeindschaft hat die Briten je gehindert, sich ihren Lieblingswein, den claret, aus Bordeaux zu besorgen. Mochte Paris sich für die Kapitale des Universums halten und König Ludwig XIV sich für die Sonne der Welt: Im Hafen von Bordeaux lag jedem vor Augen, dass die Welt grösser ist als Frankreich, und dass sie viele Sonnen hat.

Da erscheint im Jahr 1721 in Amsterdam ein anonymer Briefroman mit dem Titel »Lettres persanes«, »Persische Briefe«. 161 Briefe sind das, angeblich verfasst von zwei persischen Edelleuten, die es nach Paris verschlagen hat. Voller Staunen, voller Kopfschütteln schildern die beiden Perser ihren Landsleuten daheim in Isfahan die französischen Verhältnisse.

Regiert werde Frankreich von einem alten Monarchen, der keine einzige Goldgrube besitze, dem es aber trotzdem gelinge, ständig die teuersten Kriege zu finanzieren. Die Franzosen seien nämlich so eitel, dass sie Unsummen hergeben für irgendeinen Ehren-, Amts- oder Adelstitel, den ihnen der König verleiht. Neuerdings habe dieser König auch den genialen Einfall, Papiergeld drucken zu lassen. Und sein naives Volk nehme ihm solche Fetzen Papier ab, als seien sie bares Gold.

Besonders teuer, so melden die beiden Perser weiter, seien die Derwische, von denen es in diesem Land nur so wimmle. Diese französischen Derwische gehorchten alle einem obersten Derwisch in Rom, der Papst heisse und lehre, dass bei Gott drei gleich eins sei, ja dass das Brot, das man isst, kein Brot sei, der Wein, den man trinkt, kein Wein.

Am kuriosesten, berichten die beiden Perser, sei das Geistesleben in Paris. Da gebe es als oberste Autorität eine »Académie française«, in der vierzig Männer mit nichts anderem beschäftigt seien als mit törichtem Geschwätz. Je dümmer nämlich in diesem Land einer sei, desto mehr sei er darauf versessen, als geistreich zu gelten. Leider gelte ein Franzose aber erst dann als wirklich geistreich, wenn er ein Buch geschrieben hat. Die Folgen seien verheerend. Während es die gütige Natur in Persien so eingerichtet habe, dass die Dummheit eines Menschen so rasch vergehe wie er selbst, bleibe sie in Europa in riesigen Bibliotheken ewig aufbewahrt.

Und die französische Erotik? Die braucht uns nicht zu interessieren. Etwas anderes nämlich hat die »Persischen Briefe« zum Bestseller gemacht. Das sind die Antwortbriefe aus Isfahan. Während sich die beiden Perser in Paris vergnügen, sind nämlich, so erfahren wir voller Sorge, daheim in ihren Harems unvorstellbare Dinge los. Liegt nicht die schönste aller Favoritinnen in den Armen der schönsten aller Sklavinnen? Lässt eine andere sich nicht vom schwarzen Obereunuchen verführen zu den verruchtesten aller Lüste? Schwelt in dem persischen Harem nicht schon der Aufstand aller Frauen gegen die Männerherrschaft?

Mag dieser erotische Kitsch das Buch zum Bestseller gemacht haben, er ist doch meisterhaft verquickt mit einer höchst aufklärerischen Botschaft: Es kommt nicht darauf an, wie wir Franzosen die Welt sehen. Wichtiger ist, wie wir der Welt vorkommen. Vergeblich verbietet die Zensur in Paris das Buch. Auch als bekannt wird, dass er der Autor ist, schadet das Montesquieu nicht. So begeistert von ihm sind die Damen in den Salons von Paris, dass ihm eine unwahrscheinliche Ehre zuteil wird. Er, ausgerechnet er, wird Mitglied der Académie française.

Mit zweiunddreissig Jahren hat Montesquieu die Persischen Briefe verfasst. Jetzt hängt er den richterlichen Hermelinmantel an den Nagel des parlements von Bordeaux, um das zu tun, wovon er in den Persischen Briefen nur fabuliert hat: andere Länder, andere Völker kennenlernen. Nach Rom geht es, nach Ungarn, nach Holland, nach Deutschland. So berühmt ist er schon, dass ihn in Wien der deutsche Kaiser empfängt. Doch im Grunde interessiert ihn ein einziges Land: England. London, die Kapitale der freien Rede und, nicht unwichtig für einen adeligen Weinbauern aus Bordeaux, des freien Handels. Über ein Jahr bleibt er in London. Dann kehrt er in seine Weinberge zurück, zutiefst überzeugt, dass Frankreich, um sein wirtschaftliches Elend und seine politische Lähmung zu überwinden, sich England zum Vorbild nehmen muss.

Das will er den Franzosen sagen. Aber wie? Seit fast zweihundert Jahren ist in Frankreich kein Buch über den Staat mehr geschrieben worden. Wo nämlich einer von sich sagen kann »L'Etat c'est moi«, da hat kein anderer mehr den Mut, das Gegenteil zu sagen.

Um dennoch das Gegenteil sagen zu können, weicht Montesquieu aus in die gelehrte Abstraktion. Vierzehn Jahre lang, abwechselnd in seinen Weinbergen arbeitend und in seiner Bibliothek, schreibt er an einem umfassenden Werk über den

Staat: »De l'esprit des Loix« – »Vom Geist der Gesetze«. 59 Jahre alt ist Montesquieu, als die zwölf Bände in Genf erscheinen.

In Genf! Vor der französischen Zensur war Montesquieu mit seinen »Persischen Briefen« ins protestantische Amsterdam ausgewichen. Jetzt weicht er aus in Kalvins eigene Stadt. Wieder anonym. Aber nicht nur in Genf, auch in Paris pfeifen die Spatzen den Namen des Verfassers von den Dächern.

Denn so todlangweilig diese zwölf Bände Staatskunde den heutigen Leser anmuten, Montesquieus Zeitgenossen haben sie gierig verschlungen. Durch alle Verschachtelungen juristischer Logik läuft das gesamte Werk immer wieder zu auf Sätze wie diesen: »Es ist eine zeitlose Erfahrung, dass jeder Mensch, dem Macht gegeben ist, der Versuchung erliegen wird, diese Macht zu missbrauchen.«

Nötig sei deshalb die gegenseitige Machtbegrenzung und Kontrolle verschiedener Staatsorgane, eben jenes System der checks and balances, das die Amerikaner, in der Nachfolge Montesquieus, zum Prinzip der Demokratie erheben werden. Er selber hat ein näheres Modell vor Augen: England! Dort kontrolliert das Parlament den König, der König aber kontrolliert seinerseits das Parlament. Dort blüht der Handel, dort herrscht Freiheit. Es kann keine Freiheit geben, solange die drei wichtigsten Institutionen des Staates, die Legislative, die Exekutive und die Justiz sich nicht gegenseitig in die Schranken weisen.

Alsbald erscheinen Übersetzungen ins Englische und ins Deutsche. Aber auch in Rom wird Montesquieus Hauptwerk aufmerksam gelesen. Der Vatikan setzt die zwölf Bände aus Genf auf den Index librorum prohibitorum – und trägt damit viel zu Montesqieus Ruhm bei.

Wer heute Montesquieus Schloss bei Bordeaux besuchen will, muss durch ein Tor, über dem, von Montesquieu selber ausgewählt, ein Wort des römischen Dichters Horaz steht: »O rus, quando te aspiciam?« – »Mein Landgut, werde ich dich wiedersehen?«

Es war ihm selber nicht vergönnt. Im fernen Paris hat ihn im kalten Winter 1755, im Alter von sechsundsechzig Jahren, der Tod ereilt.

Wem aber heute das freiheitliche Denken am Herzen liegt, dem sei eine Wallfahrt zu Montesquieus Schloss in den Weinbergen von Bordeaux empfohlen. Aufklärung, Demokratie und Toleranz sind ja bei uns verkommen in die politische Schulmeisterei und in jenen sauren Gesinnungsdünkel, der das Gegenteil von guter Laune ist.

So sind die Spätgeborenen. So sind Epigonen. Ursprünge sind anders. Erwacht ist das aufgeklärte, das freiheitliche Denken einst auf einem Landsitz bei Bordeaux, im hellen Morgenlicht über den köstlichsten Weinbergen der Welt.

18. Stück
Karl Kraus gegen Heinrich Heine
Worin wir lernen, dass Witz und Glaube zusammengehören

Jede Zeit hat die Sensationen, die sie verdient. Was bei uns heute kaum Beachtung fände, damals, im Jahr 1899, im Wien von Kaiser Franz Joseph, war es ein Ereignis: eine neue literarische Zeitschrift! Klein im Format, im Titel wenig besagend: »Die Fackel«. Doch was da drin stand, war in allen Kaffeehäusern Wiens eine Sensation.

Lang war es her, seit die deutsche Literatur in Lichtenberg einen Klassiker des Aphorismus, des meisterhaft kurzgefassten Gedankens, hervorgebracht hatte. Doch siehe, hier war mehr als Lichtenberg. In der »Fackel« schrieb Karl Kraus.

Er schrieb ganz allein. Nach misslungenen Anfängen als Jurastudent, dann als Schauspieler, hatte der 25jährige die Idee seines Lebens gehabt: eine eigene Zeitschrift, in der er, niemandem verantwortlich und von niemandem abhängig, ganz allein der ganzen Welt nichts sagen würde als seine eigene Meinung, und dies in literarisch geschliffener Form. 922 Ausgaben der »Fackel« wird Karl Kraus, fast ausschliesslich, füllen mit eigenen Kritiken, Glossen, Satiren. Mit Tausenden von paradoxen Geistesblitzen, auf die, von Nummer zu Nummer, Wiens Kaffeehäuser immer sehnsüchtiger, immer gespannter warteten. Würde Karl Kraus es vielleicht sogar wagen, IHN zu verspotten, ihn selbst, der Europas Seelen von Wien aus mächtiger beherrschte als der Papst aus Rom? O ja, er würde. Mochte Sigmund Freud noch so nett zugehen auf Karl Kraus, eines Tages musste er in der »Fackel« lesen: »Psychoanalyse ist die Krankeit, für deren Therapie sie sich hält.«

Würde Karl Kraus es wagen, die Mutter aller Institutionen verspotten, die allerheiligste Familie? O ja. Er, das neunte Kind einer jüdischen Kaufmannsfamilie, wusste, was er angriff, wenn er in der »Fackel« schrieb: »Das Wort Familienbande hat einen Beigeschmack von Wahrheit.«

Würde er sich gar anlegen mit der mächtigen Wiener Sittenpolizei? »Der Skandal«, schrieb Kraus über die Razzien gegen Prostituierte, »der Skandal fängt an, wenn die Polizei ihm ein Ende macht.«

Wie lange würde es dauern, bis die kaiserlich-königliche Pressezensur einschreiten würde gegen solche Frechheiten? Karl Kraus machte sich keine Sorgen: »Satiren, die der Zensor versteht«, spottete er, »werden zu Recht verboten.« Und die Wiener Zensoren hatten selber solchen Spass an solchem Witz, dass sie taten, als ob sie nicht verstünden.

Würde Karl Kraus es gar wagen, die mächtigste, die fürchtenswerteste Zensurbehörde aller Zeiten zu verspotten, das weibliche Geschlecht? Als hätte er schon Angela Merkel im Visier, schrieb Karl Kraus: »Nichts ist unergründlicher als die Oberflächlichkeit des Weibes.«

Einmal geriet Karl Kraus in eine akademische Abendgesellschaft. Die Gastgeberin gab sich alle Mühe, ihm einen berühmten Gelehrten vorzustellen. »Der Herr Professor«, schwärmte sie, »beherrscht fünf Sprachen perfekt.« Verächtlich wandte sich Karl Kraus ab: »Was müssen das für Sprachen sein, dass sie sich alle von einem Mann beherrschen lassen.«

Alles, was er schreibe, sei »gedruckte Schauspielkunst«, hat Karl Kraus selber gesagt. Er, der eigentlich zum Theater wollte, hat seine Satiren über tausend mal vorgetragen. Und jede Lesung war ein kabarettistisches Ereignis.

Wie ein winziger Torpedo sich hineinbohrt in ein riesiges Schlachtschiff, so griff die kleine »Fackel« aus Wien die gesamte deutsche Presse an. Nicht von »Kanaille« sprach Kraus, sondern von »Journaille« und warf ihr vor, schuld zu sein am »fieberhaften Fortschritt der menschlichen Dummheit«. Dabei hatte er noch keine Ahnung von jener Schlammlawine aus Dummheit und schlechtem Geschmack, die sich heute aus dem Fernsehen ergiesst. Die Presse reichte ihm. Ihm reichte jener tägliche Edelkitsch, der sich mit dem Namen »Feuilleton« ziert. In seiner stärksten Satire stellte Kraus den süssen Schöpfer des deutschen Feuilletons, den heissgeliebten Pseudoklassiker der Deutschen, als »geistigen Zuckerbäcker« an den Pranger: Heinrich Heine. Wiens Kaffeehäuser hielten den Atem an, als der Jude Karl Kraus gegen den Juden Heinrich Heine ganz bewusst zu einem jüdischen Bild griff: »Heine«, spottet er in der »Fackel«, »Heine war ein Moses, der mit dem Stab an den Felsen der deutschen Sprache schlug. Aber das Wasser floss nicht aus dem Felsen, sondern er hatte es mit der andern Hand herangebracht; und es war Eau de Cologne.« – Köln oder Düsseldorf, Düsseldorf oder Köln: von Wien aus gesehen ein und dasselbe.

Es kam das Jahr 1914. Da war Schluss mit Kölnisch Wasser. Durch die Berliner, durch die Wiener Presse brauste wie Donnerhall ein Ruf von Reich und Ehre, Schild und Schwert.

Karl Kraus dagegen nannte den Krieg einen »Gottesfrevel« und diesen, den modernen Krieg, eine »Maschinenbestie«. Da war dann allerdings Schluss mit jener Zensur, die nicht verstand, weil sie grosszügig genug war, nicht verstehen zu wollen. Ganze Nummern der »Fackel« wurden beschlagnahmt. Dennoch blieb die österreichische Zensur vergleichsweise milde. Das beweist eine Satire mit dem Titel »Praeceptor Germaniae«, in der Kraus eine Meldung aufspiesste, die gross durch alle Zeitungen gegangen war und die von militaristischer Dummheit derart strotzt, dass sie für sich schon Satire genug war:

>»Berlin, 29. Januar. In einer Ansprache, die der Chef des Hauses Krupp, Dr. Krupp von Bohlen und Halbach, zur Feier des Geburtstages des Kaisers an seine Beamten und Arbeiter hielt, sagte er: ›Nach der schnöden Abweisung unseres, in der Sicherheit des vollsten Kraftgefühles abgegebenen Friedensangebotes wusste das deutsche Volk zu Anfang des vorigen Jahres, dass das Schwert doppelt geschliffen und die Büchse doppelt geladen werden musste. Gewaltige Bauten schossen wie Pilze aus dem Boden. Sie haben ja hier in Essen unsere gewaltigen Hindenburgwerkstätten vor Augen, die an Ausdehnung alle bisherigen bei weitem überragen. Damit ist die Sicherung unserer kämpfenden Brüder durch Schild und Waffe selbst der ganzen Welt gegenüber gewährleistet.‹«*

Diese Rede Krupps, urteilte Karl Kraus, drücke, wie in einem Prisma verdichtet, das geistige, das sprachliche Verhängnis aus, das Deutschland in den Krieg geführt hat und in die Niederlage führen musste. Jenen technisch brutalen Krieg, den Kraus »die Maschinenbestie« nannte, haben ja auch die andern geführt. Den Deutschen eigen aber war die Sprache, in der sie den Krieg führten: ein verlogen romantisches Heldenpathos, das vorgab, »Schild«, »Büchse« und »Schwert« ritterlich zu erheben, während in Wirklichkeit Europas Jugend mit Gas und mit Granaten massakriert wurde. Und solche Reden, spottete Kraus, kämen aus Essen – ausgerechnet aus Essen. Wo doch das deutsche

Volk, wenn es das Wort »Essen« höre, längst an etwas anderes denke als an Krupps gigantische Kanonenfabriken.

Auf deutschen Küchentischen waren, nach allem andern, sogar die Eier ausgegangen. Zeit für Kriegsgewinnler, die viel kleiner waren als Krupp, dafür umso pfiffiger. Unübersehbar erschien in allen Zeitungen die Werbung für »Ei-Ersatz Dottofix«. Woraus hat Ei-Ersatz Dottofix eigentlich bestanden? Wonach hat Ei-Ersatz Dottofix geschmeckt? Das verrät die Satire von Karl Kraus nicht. Ihn fesselte die Magie des Wortes: »Ei-Ersatz Dottofix!« Der Krieg, der begonnen hatte im grössenwahnsinnigen Schwadronieren von Reich und Ehre, Schild und Schwert, endete in der Lächerlichkeit eines Tütenpulvers. »Es braust ein Ruf wie Donnerhall«, spottete Karl Kraus, »Ei-Ersatz Dottofix!«

Alle grossen Satiriker waren düster gestimmte Menschen. Karl Kraus auch. »Die letzten Tage der Menschheit« ist der Titel eines Bühnenstücks, in dem er Szenen von der Kriegsfront und von der Pressefront zusammenstellte zu einer Collage von apokalyptischem Grauen. Ihn beherrschte das trostlose Gefühl, dass noch viel Schlimmeres bevorstehe als der 1. Weltkrieg. Er sollte recht behalten.

Und dann, im Jahr 1934, als die »Fackel« in Deutschland schon gar nicht mehr gelesen werden durfte, jener Satz von Karl Kraus, der manche seiner Bewunderer noch heute verstört. »Zu Hitler«, gestand er, »zu Hitler fällt *mir* nichts ein.«

Der Akzent liegt auf *mir*. Vordergründig war das Spott gegen jene Schriftsteller, die aus dem sicheren Exil in Zürich oder New York den Deutschen Ratschläge erteilten, wie sie sich gegen den Diktator wehren sollten. Hintergründig aber spricht daraus ein tiefes, lähmendes Entsetzen. Das humanistisch geschliffene Florett seines Witzes hatte wohl etwas vermocht gegen die autoritäre, die korrupte Monarchie von Kaiser Franz Joseph. Gegen einen Gewaltherrscher wie Hitler war es hilflos und wirkungslos.

Am 12. Juni 1936, noch vor dem nationalsozialistischen Einmarsch, ist Karl Kraus in Wien gestorben. Lang vorher schon, unter dem Eindruck des Kriegs, hat er ein Gedicht geschrieben, in dem er sterbend Zwiesprache hält mit Gott: »Du bliebst am Ursprung«, sagt Gott zu Karl Kraus, »Ursprung ist das Ziel.«

Am Ursprung bleiben? Ist das nicht ein merkwürdiges Bekenntnis für einen Satiriker?

Nein. Erst mit dem Mehltau heutiger politischer Korrektheit hat sich in die deutschen Köpfe der Aberglaube gesenkt, Satire müsse »irgendwie links« sein. Karl Kraus war anders. Im Grunde war er so konservativ wie Lukan, der grosse römische Begründer der Satire. Stockkonservativ hat er in der »Fackel«, mit jeder Nummer neu, die deutsche Sprache verteidigt. »Wir«, schrieb er, »sind Insassen einer Zeit, welche die Fähigkeit verloren hat, Nachwelt zu sein.«

Früh war er aus der israelitischen Kultusgemeinde ausgetreten, später, nach kurzer Konversion, auch wieder aus der katholischen Kirche. Geblieben ist ihm der unbeirrbare Gottesglaube seiner jüdischen Väter. Das Wort »Glaubensspise«, mit dem Heinrich Heine nicht nur seine christliche Mitwelt, sondern auch die jüdische Tradition beleidigt hat, wäre nie über seine Lippen gekommen.

Nach dem Heiden Lukan, nach dem Katholiken Pascal, nach dem Protestanten Kierkegaard hat der Jude Karl Kraus ein letztes Mal jenen klassischen Strang der Satire verkörpert, für den Witz und Glaube zusammengehören. »Witz und Glaube«, schreibt er wörtlich, »wurzeln beide im grössten

Kontrast. Denn einen grösseren Kontrast als den zwischen Gott und Gottes Ebenbild gibt es nicht.«

Einige seiner besten Sprüche sind Aphorismen über die Ewigkeit. »Karriere«, sagt Karl Kraus, »Karriere ist ein Pferd, das ohne Reiter vor dem Tor der Ewigkeit anlangt.«

19. Stück
Ein Friedensapostel als Kreuzzugprediger

*Worin uns Papst Urban II aufklärt,
wie es zu einem Dschihad kommt*

Welthistorische Erleuchtungen sind bei der Heuernte eher selten. Ich dachte auch gar nicht an grosse Geschichte, als ich am 11. September 2001 die Heugabel beiseite stellte und mich in meine schweizerische Berghütte zurückzog, um zur Abwechslung im Internet nachzuschauen, was los sei draussen in der weiten Welt. Erstaunlicherweise kam ich nicht durch. Ein unerklärlicher Stau von Neugierigen blockierte die Verbindung. Endlich erfuhr ich, dass islamistische Extremisten soeben ein gigantisches Attentat auf das World Trade Center in New York verübt hatten. Dann aber, bei der Suche nach weiteren Nachrichten, geriet ich in ein islamistisches Portal, und dort in eine Sammlung von religiösen Texten, die mir den Atem raubte. Während das World Trade Center in New York in Schutt und Asche sank, las ich im Internet Gebete von Usama Bin Ladin.

Diese Gebete waren voll von muslimischen Formeln der Anbetung, die mir nicht geläufig waren, zum Beispiel: »der Du den Himmel ohne Säulen erschaffen hast«. Dennoch waren es Sätze voll tiefer, bewegender Frömmigkeit, meinem eigenen christlichen Empfinden durchaus verwandt. Während ich erneut zur Heugabel griff, kam mir ein Gedanke: Genügt vielleicht, um den Islam, auch den gewalttätigen Islam, zu verstehen, ein Blick ins eigene, ins christliche Herz?

Sie mit solchen Einfällen von einer Heuernte im Jahr 2001 noch einmal zu behelligen läge mir fern, würde nicht eben dieser Gedanke inzwischen von einigen der besten amerikanischen Konflikt-Forscher geteilt. Um zu verstehen, warum der Islam im 21. Jahrhundert gewalttätig geworden ist, erforschen sie die christliche Vergangenheit. Das Datum, um das ihre Gedanken kreisen, ist nicht länger der 11. September 2001, sondern, fast ein Jahrtausend zuvor, der 27. November 1095. Das ist der Tag, an dem Papst Urban II in der französischen Stadt Clermont vor das Portal der Kathedrale trat, um die unabsehbare Menge der Gläubigen in einem dramatischen Appell zum 1. Kreuzzug aufzurufen:

»Söhne Karls des Grossen! Das Land, das ihr bewohnt, ist eingeschlossen vom Meer und vom Gebirge. Es kann euch nicht ernähren. Es besitzt keine Reichtümer im Überfluss. Kaum bringt es den Bauern selbst genügend Nahrung. Das ist der Grund, warum ihr euch gegenseitig bekämpft und zerreisst, unablässig im Krieg seid und einander verwundet und tötet. So hört denn auf mit aller Feindschaft zwischen euch selbst. Brecht auf zum Heiligen Grab in Jerusalem. Befreit das Heilige Land von einer verruchten Rasse, reisst es an euch, das Land, das Gott den Söhnen Israels geschenkt hat, ein Land, wo, wie die Heilige Schrift sagt, Milch und Honig fliesst.«

Auf den ersten Blick scheint es der helle Unsinn, einen so grossen Papst wie Urban II vergleichen zu wollen mit einem so kleinen terroristischen Abenteurer wie Usama Bin Ladin. Urban II war einer der bedeutendsten Köpfe des 11. Jahrhunderts, ein Mann von überlegener Intelligenz, von grossem politischem

Geschick, zugleich von ausserordentlicher Güte und Geduld. Vor allen Dingen war Urban ein Mann des Friedens. Ja er war recht eigentlich der führende Kopf der mittelalterlichen Friedensbewegung. Wenn ein solcher Mann aufrief zum Heiligen Krieg, dann tat er dies mit Sicherheit nicht aus Leichtsinn, nicht aus Bosheit und auch aus Dummheit nicht.

Urban stammte selbst aus jenem französischen Adel, an den er sich in seiner dramatischen Predigt von Clermont wandte. Er kannte das Elend seines Landes: die blutigen Kleinkriege zwischen den unzähligen Adelsgeschlechtern, die immer schlimmer geworden waren, seit sich bei den Franken selbst wie bei den Normannen das Erstgeborenen-Recht durchgesetzt hatte: Der erste Sohn erbte Vaters Burg samt allem drauf und drum herum, den überzähligen Söhnen blieb nichts anderes übrig, als mit gezogenem Schwert loszugaloppieren, um in der Nachbarschaft fremde Burgen zu erobern, auf denen leider ebenso viele überzählige Söhne nur darauf warteten, ihnen mit gezogenem Schwert entgegenzugaloppieren.

Amerikanische Historiker nennen dies heute einen »youth bulge«. »bulge« heisst etwa »Überhang«. Gemeint ist der ungestillte Hunger einer überzähligen männlichen Jugend nach Land, Macht und Ruhm – eben das, was Papst Urban II in jener Predigt in Clermont hellsichtig geschildert hat. Ist es nicht genau das, worunter heute die islamischen Länder noch viel schlimmer leiden, weil der muslimische Familienkult verbunden mit den Wundertaten moderner Kindermedizin einen immensen Überhang an jungen Männern produziert, die etwas werden wollen und nichts werden können?

So war es damals im christlichen Westeuropa. Die einzige Institution, die sich dem permanenten Krieg unter kriegerischen Nachwuchs-Christen entgegenstellte, war die katholische Kirche. Friedensbewegte Prediger wie Urban II waren das, die immer wieder aufriefen zur »trêve de Dieu«, zum »Gottesfrieden«. Auf feierlichen Versammlungen nötigten sie die streitsüchtigen Adeligen zum heiligen Schwur, einander künftig in Frieden zu lassen. Manchmal nützte das etwas. Aber nicht lange. Keine noch so gutgemeinte Friedensbewegung beseitigte den »bulge«, den Überhang von landlosen, zornigen Nachwuchskriegern.

Und dann im Jahr 1095 der epochale Einfall dieses Papstes: Auf und weg mit all den kriegslustigen jungen Männern! Weg mit ihnen in einen guten, auf in den heiligen Krieg! Damit Frieden in Europa sei, auf zum Kreuzzug nach Jerusalem!

Amin Maalouf, ein libanesischer Christ, hat es unternommen, den endlosen Heerwurm christlicher Kreuzritter, so wie er sich alsbald durch Kleinasien und Syrien gen Jerusalem ergoss, aus der Sicht derer zu schildern, die dort zu Hause waren. Obwohl arabische und türkische Muslime diese Länder bereits erobert hatten, war die Bevölkerung noch immer überwiegend christlich. Eben diese orientalischen Christen aber waren über den Aufmarsch ihrer französischen, normannischen, auch deutschen Glaubensbrüder am meisten entsetzt.

Das lag an der spektakulären Erscheinung der Kreuzritter. Selbst in der glühenden Sommerhitze der kleinasiatischen Berge und gar der syrischen Wüste waren die Kreuzfahrer nicht bereit, herauszuschlüpfen aus jenen phantastisch schweren eisernen Rüstungen, die in Westeuropa normal waren, den Orientalen aber verrückt vorkamen. Genau so wie heute die amerikanischen Soldaten der örtlichen Bevölkerung vorkommen, wenn sie, mit High-Tech-Equipment überladen, durch die Wüsten Afghanistans taumeln, genau so kamen damals die Kreuzritter den Orientalen, den Christen wie den Muslimen, vor: als militärisch hochgerüstete Barbaren.

Paris, die grösste Stadt Europas, hatte damals noch kaum 30.000 Einwohner, Bagdad dagegen eine halbe Million. Von der Medizin bis zur Gastronomie war der Orient unvergleichlich höher entwickelt als Westeuropa. Es war mehr als nur biblische Rhetorik, wenn Papst Urban II den Kreuzrittern ein Land verheissen hatte, »wo Milch und Honig fliesst«. Dass das christliche Heer nur äusserst langsam vorankam, lag nicht zuletzt daran, dass allzu viele christliche Helden sich unterwegs in die Büsche schlugen, um schon mal für sich selber irgendwelche schönen Burgen, ja ganze blühende Landschaften zu erobern. Jerusalem war noch längst nicht erreicht, da hatte Kreuzritter Balduin sich schon eine grosse »Grafschaft Edessa« angeeignet, Kreuzritter Bohemund ein »Fürstentum Antiochien«. Beides weiss Gott nicht im Heiligen Land, sondern in der heutigen Türkei.

Hat also der deutsche Konfliktforscher Gunnar Heinsohn recht mit seiner These, bei Religionskriegen, bei den christlichen einst, bei den muslimischen heute, diene die Religion nur als dünner Vorwand für jene kriegerische Eroberungslust der männlichen Jugend, die Papst Urban II in seiner Predigt zu Clermont so offen angesprochen hat?

Christopher Tyerman, ein britischer Historiker und derzeit bester Kenner der Kreuzzugsgeschichte, ist gegenteiliger Meinung. Das Jahr 1095, in dem Urban zum 1. Kreuzzug aufrief, nennt er das »1914 des Mittelalters« und meint damit, dass jene masslose Kriegsbegeisterung, die Europas nationalistische Jugend 1914 ergriff, genauso wie die christliche Kriegsbegeisterung des Jahres 1095 mit nackten Interessen allein nicht zu erklären sei. Der Krieg, den Papst Urban, der

Friedensbewegte, auslöste, war wirklich »God's War« – »der Krieg Gottes«.

»Deus lo vult«, »Gott will es«, hatte die begeisterte Menge in Clermont nach der Predigt des Papstes gerufen. Etwa 300.000 sind insgesamt dem Aufruf gefolgt. Lebendig angekommen im Heiligen Land sind nur 15.000. Doch als sie am 7. Juni 1099, vier Jahre nach Urbans Predigt, hoch oben vom Berg Montjoie zum ersten Mal die Zinnen der Stadt erblickten, in der Jesus gekreuzigt worden ist, sangen sie voll inbrünstiger Frömmigkeit: »Urbs Jerusalem beata, dicta pacis visio« – »Selige Stadt Jerusalem, du Vision des Friedens«.

Joseph Ratzinger hat im Gespräch mit Jürgen Habermas den bemerkenswerten Begriff »Pathologie der Religion« geprägt. Wie jeder Lebensbereich neigt auch die Religion zu Fehlentwicklungen eigener Art. Für unsere Vorfahren im 11. Jahrhundert, ähnlich wie für viele Muslime heute, war der Glaube eine göttlich starke Leidenschaft. Das soll er auch sein. Doch diese gesunde Leidenschaft des gläubigen Herzens führt zu einer monströsen Kernfusion, wenn sie sich mit jener zweiten, ebenso starken Leidenschaft verbindet, die damals die Kreuzritter bewegte, heute die Islamisten: Das ist die Mordlust junger Männer.

»Urbs Jerusalem beata – selige Stadt Jerusalem, du Vision des Friedens.« Als es den letzten 15.000 christlichen Kriegern, wider alle Erwartung, am 14. Juli 1099 gelang, an zwei Stellen die Stadtmauern von Jerusalem zu überwinden, erfasste sie ein wahnsinniger Blutrausch. Bis tief in die Nacht mordeten sie, solange, bis in Jerusalem keine muslimische Frau, kein muslimisches Kind mehr lebte. Dann hielten sie inne. Sie hatten etwas vergessen.

Die Juden! Diese hatten sich in die Hauptsynagoge geflüchtet und beteten dort um ihr Leben. Samt ihrem Gotteshaus gingen die Juden von Jerusalem alle, bei lebendigem Leib, in Flammen auf. Auf dem Tempelberg suchten mehrere tausend Muslime Zuflucht. Die Kreuzritter metzelten sie alle nieder. In besinnungsloser Mordlust. »Bis zu den Knien«, berichtet der päpstliche Feldprediger Raimund von Aguilers, »ja bis zu den Zäumen ihrer Pferde ritten sie im Blut.«

Als der Reformator John Knox das Ave Maria beten musste

Worin Männer lernen,
Frauen niemals zu beleidigen

Hat wohl je ein schmales Büchlein grössere Empörung ausgelöst als jenes anonyme Pamphlet, das, in Genf gedruckt, jedoch in englischer Sprache geschrieben, die sonst so kühlen britischen Gemüter im Jahr 1558 aus der Fassung brachte?

Das wisse er wohl, schreibt im Vorwort der anonyme Verfasser, dass seine Streitschrift einen Skandal auslösen werde. Doch müssten manchmal Skandale sein. Skandale um der Wahrheit willen. Haben nicht die Propheten alle in ihrer Zeit Skandale ausgelöst, als sie die Wahrheit verkündeten? Für die Wahrheit liessen sich die Propheten steinigen.

Um der Wahrheit unüberhörbar Gehör zu verschaffen, werde er jetzt, schreibt der Anonymus, auch wenn es ihn das Leben kosten sollte, in die biblische Posaune blasen: »Erster Posaunenstoss gegen die monströse Herrschaft von Frauen.«

»Unter all den Ungeheuerlichkeiten, die in unseren Tagen das Angesicht der Erde entstellen«, so hebt das Pamphlet an, ist keine »so grässlich, so abscheulich« wie die »monstrengebärende Herrschaft der Frau«. Ein Mensch, der dies nicht wahrhaben will, sei so »degenerate«, so entartet, dass er sogar hinabsinke unter das Tier. Wer hat denn je erlebt, dass Hirsche eine Hirschkuh die Herde führen lassen, wer hat je gesehen, dass ein Löwe vor einer Löwin buckelt? So lehrt auch der grösste aller Naturwissenschaftler, der Grieche Aristoteles, »dass überall dort, wo Frauen die Herrschaft ergreifen, das Volk notwendig aus der Ordnung gerät, süchtig wird nach jeder Zügellosigkeit, dem Stolz verfällt, der Ausschweifung und Eitelkeit, um schliesslich, unweigerlich, zu enden in Zerrüttung und im Ruin.«

Über Aristoteles könne man streiten, das gibt der Posaunenbläser zu. Über eines aber darf es nicht den geringsten Zweifel geben. Das ist Gottes reines, ewig gültiges Wort. Sagt nicht gleich am Anfang der Bibel Gott selber zur Frau: »Er aber – der Mann – soll dein Herr sein«? Bekräftigt nicht der Apostel Paulus im Brief an Timotheus: »Der Frau gestatte ich nicht, dass sie lehre, auch nicht, dass sie Herr sei über den Mann.« Ist es zu fassen, dass Christinnen so eindeutige Bibelworte leugnen?

Gewiss habe Gott Mann und Frau füreinander geschaffen. Sie gehören zusammen wie Kopf und Fuss. Beides brauche der Körper, Kopf und Fuss. Und doch habe Gott es so eingerichtet, dass alle Organe der Erkenntnis – Augen und Ohren zum Beispiel – am Kopf festgemacht sind. Oder hat schon jemand einen Fuss gesehen, der Ohren hat und Augen? So auch gehören alle Fähigkeiten des Erkennens, Entscheidens und Befehlens zum Mann, nicht zur Frau. Er ist der Kopf, sie ist der Fuss. Ein Fuss, der den Kopf beherrschen will, eine Frau, die über Männer herrschen will, ist das »monster of monsters«.

Und jetzt die Frage aller Fragen: Wer ist der skandalöse Anonymus, der es gewagt hat, einen derartigen Wust wüster Beleidigungen dem weiblichen Geschlecht ins Gesicht zu schleudern, und das im Namen der göttlichen Wahrheit? Um dies herauszufinden, fahren wir am besten in jene schweizerische Stadt, aus der das englische Pamphlet stammt: nach Genf. Dort, im Park der Universität, steht ein enormes Monument: das »Reformationsdenkmal«. In der Mitte, fünf Meter hoch in Stein gehauen, Johannes Calvin, der Genfer Reformator selbst, flankiert von seinen zwei Gehilfen, Guillaume Farel und Théodore de Bèze. Daneben jedoch, überraschend, so riesengross wie Calvin selbst, ein vierter. Kein Genfer, jedoch gekleidet in die »robe de Genève«, in den Genfer Predigermantel: John Knox, der Schotte, der das protestantische Evangelium aus Genf hinausgetragen hat in die englischsprachige Welt. Fest hält er die Bibel in der Hand. Nur die Posaune fehlt. Dieser John Knox ist es, der den monströsen Posaunenstoss gegen die Frauen ausgestossen hat. Wie konnte er, ein Prediger des reinen Evangeliums, zum Hassprediger werden gegen die Frauen?

Wir wissen alle aus der modernen Psychoanalyse, dass Männer, welche Frauen hassen, im Grunde ihres Herzens enttäuschte, verbitterte Männer sind. War das auch so mit dem Reformator John Knox?

O yes. Wo immer er, in Schottland oder in England, das reine Evangelium aus Genf predigen wollte, bekam John Knox sofort bitteren Streit mit Frauen, die es gar nicht schätzten, dass er den Papst als »Satansknecht« und die Marienverehrung als »Götzenkult« beschimpfte. Starke Frauen, die, höchst bedenklich, alle Maria hiessen. Es war, als habe die Himmelskönigin Maria selber gegen John Knox eine marianische Phalanx von katholischen Herrscherinnen aufgeboten: Maria Tudor, Königin von England, Maria Stuart, Königin von Schottland und – besonders fürchtenswert – Königinmutter Maria von Schottland. Das war Marie de Guise, die französische Mutter von Maria Stuart, die als Regentin für ihre unmündige Tochter Schottland regierte.

Schon schien, dank der flammenden Predigten von John Knox, im Jahre 1547 der Sieg der Protestanten in Schottland nahe. Da rief Königinmutter Maria die französische Flotte zu Hilfe. Die nahm John Knox gefangen. Als Galeerensklave kam er auf ein französisches Schiff. Während er für den Sieg der Papisten bis zur Erschöpfung rudern musste, betete ein katholischer Priester vorn im Bug den Rosenkranz vor. Den Rosenkranz Unserer Lieben Frau: Ave Maria, gratia plena, Dominus tecum. Es war die Hölle.

Nach zwei Jahren gelang ihm die Flucht von der marianischen Galeere. Er floh nach England, wo König Eduard VI es mit den Protestanten hielt. An seinem Hof stieg John Knox rasch zu hohen Ämtern auf. Würde ihn der König bald zum Erzbischof von Canterbury ernennen? Würde unter ihm ganz England kalvinistisch? Da schlug das Schicksal wieder unbegreiflich zu. Eduard VI starb. Jetzt bestieg Maria Tudor Englands Thron. Maria die Katholische. Die »blutige Maria«. 153 Protestanten hat sie verbrennen lassen. Fast wäre John Knox mitverbrannt. Doch ihm gelang 1554 die Flucht nach Genf.

Genf! Die Stadt Calvins erlebte der Schotte als eine Art himmlisches Jerusalem auf Erden. »Ich fürchte mich nicht,« schreibt er, »ich schäme mich nicht zu sagen, dass Genf die vollkommenste Schule Christi ist, die je auf Erden war seit den Tagen der Apostel.«

Allerdings ist der Gott Calvins ein Gott, der nicht nur segnet, sondern auch verflucht. Und wie denn geschrieben steht im 5. Buch Mosis, dass Gott jene, die er verderben will, zuvor mit Wahnsinn schlägt, so hat Gott den Schotten John Knox in Genf mit Wahnsinn geschlagen. Gegen Calvins ausdrücklichen Rat, aus lauter Verbitterung gegen die katholischen Marien, tat John Knox, was kein Mann, der bei Verstand ist, jemals tun wird: Mit seinem «Posaunenstoss« forderte er das gesamte weibliche Geschlecht heraus.

Die skandalöse Hetzschrift war gerade in England angelangt, da starb Maria die Katholische. Wieder schien die protestantische Sache zu siegen und John Knox kehrte nach Edinburg zurück. Es fügte sich leider, dass noch jemand anders nach Edinburg zurückkehrte: Maria Stuart, »Mary Queen of Scots«, Maria Königin der Schotten, jene junge, schöne, jene katholische Maria Stuart, die dank Friedrich Schillers Tragödie, bis heute, auch Königin der deutschen Herzen ist.

Maria Stuart hat, wie wir wissen, die Männer sehr, vielleicht zu sehr geliebt. Einen aber hat sie gehasst: John Knox. Doch sie war fast machtlos. Dass John Knox drüben in der Edinburger Kathedrale, bekleidet mit dem kalvinistischen Talar aus Genf, den Papst als »Antichrist« verfluchte und die Marienverehrung dazu, das musste sie hinnehmen. Dass aber das schottische Parlament, auf Betreiben von John Knox, über jegliche Teilnahme an einem katholischen Gottesdienst die Todesstrafe verhängte, dies hinzunehmen war Maria Stuart nicht bereit. In ihrer Schlosskapelle in Edinburg kniete sie vor dem Allerheiligsten Sakrament des Altars.

Jetzt war Schottlands Königin des Todes schuldig. Doch zögerte John Knox, Maria wegen Teilnahme an einer Heiligen Messe anzuklagen. Sonst hätten sich wohl die vielen Katholiken, die es in Schottland immer noch gab, für ihre Königin erhoben. So liess er sie anklagen wegen Ehebruchs und Gattenmords. Wohl nicht ganz ohne Grund. Maria Stuart war nicht nur eine fromme Katholikin, sondern auch eine leidenschaftlich liebende Frau.

Aus Friedrich Schillers Drama wisst Ihr alle um ihr Verhängnis. Wie sie in England Zuflucht zu finden schien, jedoch dort der Eifersucht ihrer mächtigen Tante, Königin Elisabeth, zum Opfer fiel. In einen schwarzen Seidenmantel gehüllt, am Gürtel zwei Rosenkränze, so bestieg Mary Queen of Scots, am 18. Februar 1587 das englische Schafott. Als sie dann den Mantel ablegte, erschauerte selbst der Henker. Unter ihrem schwarzen Mantel hatte sich Maria Stuart in blutiges Rot gekleidet – in das liturgische Rot katholischer Martyrer.

In Edinburg triumphierte derweil John Knox. Hier ist er am 24. November 1572 gestorben. Hier gilt er als Stifter jener kalvinistischen Kirk of Scotland, zu der sich heute noch 42% der Schotten bekennen. Allerdings hält sich die Verehrung für ihn in Edinburg in engeren Grenzen als in Genf. Wer auf dem Platz neben jener Kathedrale von Edinburg, wo Knox seine Brand-Predigten gehalten hat, heute nach seinem Grab fragt, erntet ein hämisches Grinsen: »Go, have a look at parking number 23!«

Ist es zu fassen? In den Boden von Parkplatz Numero 23 ist eine Plakette eingelassen, auf der zu lesen steht, dass hier, unter dem Asphalt dieses schnöden Auto-Stellplatzes, Schottlands Reformator John Knox begraben liegt.

Gescheitert ist er jedoch vor allem in England. Dort stellte sich ihm alsbald eine Frau entgegen, die noch mächtiger war, noch machtbewusster als alle drei Marien vor ihr zusammen: Königin Elisabeth I. Sie war die Todfeindin Maria Stuarts, gewiss, und genau wie John Knox hasste sie den Papst. Doch dann erfuhr Elisabeth, wer den frauenfeindlichen, den bösartigen »Posaunenstoss« aus Genf geschrieben hatte. Mit eigenen Augen las sie, wie John Knox jede Frau, die es wagen sollte, Englands Thron zu besteigen, verglich mit jener »verfluchten Königin Isebel«, unter deren lästerlicher Herrschaft die Juden einst Jahwes furchtbaren Zorn auf sich luden. Die stolze Elisabeth war not amused. In kaltem Zorn verfügte die Königin, dass John Knox niemals wieder auch nur einen Fussbreit englischen Bodens betreten dürfe. Und sie verbot seine Schriften als »trumpets of rebellion« – »Posaunen der Rebellion«.

So blieb England »anglikanisch«: dem Papst nicht untertan, aber auch nicht dem Reformator in Edinburg, gehorchend ihr allein: Elisabeth, Dei gratia Regina, von Gottes Gnaden Königin.

21. Stück
Vor Liebe toll

Worin wir die wahre Päpstin lieben lernen

Schämt Euch!

Ihr, die ihr alle ins Kino gelaufen seid, um euch an der »Päpstin« zu ergötzen, schämt euch, dass ihr so hereingefallen seid. Hereingefallen auf einen amerikanischen Roman, auf einen deutschen Film, der euch geködert hat mit jener Mixtur aus Sex und Aberglauben, die das älteste Rezept für Schwindel ist. Schämt euch, denn ihr hättet es besser wissen müssen. Eine Frau, die aufgestiegen ist hoch über alle Päpste und Gegenpäpste des Mittelalters, eine solche Frau hat es nämlich gegeben. Nicht im Roman, im Kino nicht, sondern in der historischen Realität. Lest die wahre, die staunenswerte Geschichte der heiligen Katharina von Siena.

Es ist das Jahr 1376. Auf seinem Thron im prachtvollen Palast der Päpste zu Avignon sitzt Papst Gregor XI. Der Franzose ist schon der siebte Papst, der nicht mehr in Rom residiert, sondern in Avignon. Jetzt aber steht vor ihm eine junge Italienerin, Katharina, die Tochter eines Wollfärbers aus Siena. Sie kann nicht lesen und nicht schreiben. Doch was an diesem Tag aus ihr spricht, ist der Zorn der Propheten.

Papst Gregor XI, ein Franzose, verstand kein Italienisch. Also musste einer übersetzen. Das war der selige Raymund von Capua. Er sei beim Übersetzen fast gestorben vor Angst und Schreck, schrieb später der Dominikaner. Neffenwirtschaft, Weiberwirtschaft, Ämterkauf, Bestechung und Betrug warf Katharina dem Papst vor. Ein »furchtsamer Knabe« solle er nicht länger sein, ein »cuor virile«, ein männliches Herz solle er zeigen, fähig, alle Widerstände zu brechen, um seine Kurie nach Rom zurückzuführen. Und wenn er den Mut dazu nicht habe, dann solle er »die Tiara ablegen«. Zurücktreten solle der Papst. Dem seligen Übersetzer Raymund verging Hören und Sehen.

Erstaunlich ruhig blieb Gregor selbst. »Katharina«, sagte er, »Katharina, du bist gerade erst angekommen in Avignon, wie willst du wissen, was für Zustände herrschen an meiner Kurie?« »Zwei Monate«, entgegnete Katharina, »habe ich gebraucht, um auf meinem Esel von Siena bis nach Avignon zu reiten. Ich tat es, um mit Euch zu sprechen. Aber um die Zustände an Eurem Hof kennenzulernen, dafür war es weiss Gott nicht nötig.« – »Warum nicht?«, fragte kopfschüttelnd der Papst. »Weil es«, antwortete Katharina, »an Eurem Hofe stinkt. So gewaltig stinkt es an Eurer Kurie, dass es von Avignon bis nach Siena stinkt.«

Seit 71 Jahren schon dauerte dieses Exil der Päpste an der Rhone, die »Babylonische Gefangenschaft der Kirche«. Mit seinen sechs Amtsvorgängern hat Papst Gregor XI denn auch eines gemein: ein schlechtes Gewissen. Dass der Papst nach Rom gehört und nicht nach Avignon, wusste er. Wie alle seine Vorgänger fasste, ja verkündete er immer wieder den guten Vorsatz, zurückzukehren auf den Stuhl Petri. Warum war aus so vielen guten Vorsätzen so lang nichts geworden?

O die vielen guten Gründe: Die politische Allianz des Papstes mit dem König von Frankreich. Dann die unerschwinglich hohen Kosten eines Umzugs nach Rom. Dann der Mangel an Soldaten für den nötigen Geleitschutz. Dann die Pest in Italien. Dann die Gutachten fortschrittlicher Theologen, wonach der Papst nicht in Rom zu sein brauche, weil Rom kein geographischer, sondern ein theologischer Begriff sei: »Ubi papa, ibi Roma – Wo der Papst ist, da ist Rom.« Dann auch noch die Prophezeiung eines frommen Einsiedlers, dass die Italiener den französischen Papst, gleich nach der Ankunft in Rom, vergiften würden.

Und zu allen guten Gründen hinzu ein ganz anderer:

> *»Sur le pont d'Avignon,*
> *On y danse, on y danse,*
> *Sur le pont d'Avignon,*
> *On y danse tout en rond.«*

Nicht nur auf der Brücke von Avignon wurde getanzt, sondern auch im päpstlichen Palast. Vom seidenen Glanz der Sommerröcke, von den kostbaren Winterpelzen der Kurtisanen in Avignon schwärmte Paris. Einer schwärmte nicht: Petrarca, Italiens grosser Dichter, er, der in Avignon aufgewachsen ist, hat den päpstlichen Hof, so wie er ihn selber erlebt hat, angeprangert als »Hure Babylons«.

Petrarca war Italiens sanftester Intellektueller. Nur seiner Muse hat er solche Verse heimlich anvertraut. Katharina war von anderem Schlag. »Mein Wesen ist Feuer«, hat sie von sich selber gesagt. Das Feuer massloser Gottesliebe war es, das von Kindheit an in ihr gelodert hat:

»*Io sono pazza di amore.*« »Ich bin vor Liebe toll«.

Eine solche Frau vor dem Papst. Als Anklägerin. Mitten im 14. Jahrhundert. In einer Zeit, in der das Wort des heiligen Paulus »Das Weib schweige in der Versammlung« noch galt.

Wie war diese Szene überhaupt möglich? Die Antwort ist einfacher, als manche denken. Auch in der Religion gibt es so etwas wie Charakter. Lange bevor sie nach Avignon ritt, um sich zu streiten mit Papst Gregor XI, hat Katharinas Charakter sich im Streit geformt. Im Streit mit der eigenen Familie war diese Heilige stark geworden.

So ist das in der katholischen Kirche. Während sie unentwegt die Heiligkeit der Familie predigt, steht am Anfang fast jedes katholischen Heiligenlebens der radikale Bruch mit der Familie. Doch während ein Franz von Assisi, eine Theresia von Avila im Streit mit dem Vater stark geworden sind, war es bei Katharina von Siena ein Aufstand gegen die Mutter.

Mamma Monna! Fünfundzwanzig Kinder hatte diese italienische Urmutter geboren. Doch war sie davon keineswegs erschöpft. Mit grosser Energie widmete sie sich einer zweiten Lebensaufgabe: ihre Töchter spätestens mit zwölf an den Mann zu bringen. Das gelang ihr bei allen, nur bei einer nicht: Ihr zweitjüngstes, ihr 24. Kind, Katharina, wollte nicht.

»Padre«, sagte sie zu einem Priester im nahen Kloster San Domenico, »ich will Dominikanerpater werden, genau wie Ihr.« – »Katharinchen, warum möchtest du das werden?« – »Weil ich predigen möchte, predigen wie Ihr!« Traurig schüttelte der Pater den Kopf: »Das geht nicht, Katharinchen! Weil du ein Mädchen bist. Mädchen dürfen nicht Pater werden und predigen.« – »Das macht nichts«, antwortete Katharina, »ich ziehe einfach die Kleider meines Bruders Stefano an, trete wie andere Knaben als Novize bei den Dominikanern ein, und so werde ich Pater und kann predigen.« Wieder schüttelte der Padre den Kopf: »Aber Katharinchen! Du wirst keinen Stimmbruch bekommen und dir wird kein Bart wachsen. Dann merken alle den Schwindel und du fliegst auf!«

Zurück nach Hause zu Mamma Monna, wo der Streit alsbald in einer Weise eskalierte, dass halb Siena Ohrenzeuge wurde, wie die tobende Mutter ihre heiratsunwillige Tochter mit Schwällen obszöner Schimpfworte übergoss. Bis plötzlich Katharina, statt länger der Mamma Paroli zu bieten, nur noch schwieg. In den entlegensten Winkel des väterlichen Hauses zog sie sich zurück. Drei Jahre lang hat sie dort nichts anderes getan als geschwiegen und gebetet. Dann hörte sie die Stimme Jesu Christi: »Katharina, gehe hinaus!«

Jeden Tag ging das Mädchen Katharina jetzt hinaus in die Hospize von Siena, um die Pestkranken zu pflegen. Doch ein Zweites wollte ihr nicht aus dem Kopf: Sie wollte doch eigentlich predigen.

Der Orden des heiligen Dominikus heisst auch Predigerorden. Erstaunlicherweise zählte dieser Orden – und er zählt heute noch – zehnmal mehr Nonnen als Mönche. Mancherorts nannte man diese Nonnen damals »Predigerinnen«. Dabei durfte nicht eine von ihnen predigen. Während die Mönche wortgewaltig von Kanzel zu Kanzel zogen, waren die Predigerinnen »klaustriert«. Stumm eingeschlossen hinter Klostermauern waren die Nonnen alle.

Alle? Nein. In Siena gab es eine Schwesternschaft frommer, mildtätiger Witwen, die »Mantellatinnen«. Diese waren den Dominikanern lose angeschlossen. Im schwarzweissen Ordenskleid der Predigerinnen durften sie sich in der Stadt frei bewegen. Sogleich erkannte Katharina ihre Chance. Dass ihre Mutter, ja dass die ganze Stadt Siena den Kopf schüttelte, war ihr gleich. Mit 16 Jahren wurde dieses Mädchen, das nie geheiratet hatte, »Mantellatin«, gottgeweihte Witwe im Gewand des Predigerordens. Gleich fing sie an zu predigen.

Nicht in den Kirchen, sondern in den Palästen. In dem vom Bürgerkrieg zerrissenen Siena ging Katharina in alle Häuser der Reichen und Mächtigen, um christliche Versöhnung zu predigen und politischen Frieden. Bald wurde sie nach Florenz gerufen, nach Pisa. Doch je länger sie sich einmischte in die toskanische Politik, desto stärker wuchs in ihr die Überzeugung, dass das Elend ihres Landes einen eindeutigen Grund hatte: Italien fehlte das religiöse und politische Oberhaupt. Der Papst war nicht da. Während Italien in endlosen Bürgerkriegen zugrunde ging, tanzte der Heilige Vater an der Rhone. Und sie ritt nach Avignon.

Einige hundert Briefe, die Katharina diktiert hat, sind erhalten. Das Wörtlein, das am häufigsten darin vorkommt, heisst »Ich will«. Manchmal auch »Gott will es und ich will es«. Papst Gregor blieb keine Ausflucht. Gott wollte es und die heilige Katharina wollte es. Er musste heim nach Rom.

In einem gewaltigen Fresko hat Giorgio Vasari den Triumph der heiligen Katharina dargestellt: So wie einst die römischen Imperatoren ihre besiegten Gegner durch Rom schleppten, so führt am 17. Januar 1377 Katharina Papst Gregor XI dem Petersdom entgegen.

Ganz so ist es nicht gewesen. Vor allen Dingen war es nicht ganz so, wie Katharina es gewollt hätte. Statt an ihrer Seite wie Jesus auf dem Esel nach Italien zu reiten, lud Gregor seine Habe und seinen Tross auf 426 Wagen, fuhr damit nach Marseille und verlud dort den ganzen päpstlichen Plunder auf 26 Galeeren. Mit zweitausend Kriegern zog er in Rom ein.

Sie sollten ihm wenig nützen. In der Schlangengrube der römischen Familienfehden war er, der nicht Italienisch konnte, allen Intrigen hilflos ausgeliefert. Dass er schon ein

Jahr nach seiner Rückkehr starb, hat ihm ein schlimmeres Ende erspart.

Mit Katharinas kräftiger Unterstützung wurde Urban VI sein Nachfolger. Doch er beging den fatalen Fehler, seine französischen Kardinäle, die ohnehin verdrossen in Rom sassen, unnötig vor den Kopf zu stossen. So trieb er sie in einen folgenschweren Schritt: 1378 riefen sie Robert von Genf zum Gegenpapst aus. Er nannte sich Clemens VII und wusste auf der Stelle, wohin er wollte:

>>*Sur le pont d'Avignon,*
On y danse, on y danse,
Sur le pont d'Avignon,
On y danse tout en rond.<<

Der Papst selbst war wieder in Rom. Aber dafür sass jetzt in Avignon ein Gegenpapst. Die grosse Kirchenspaltung, das 51jährige Schisma, begann. Und es war alles schlimmer als zuvor.

Im Frühjahr 1380 hatte Katharina in Rom eine letzte grosse Vision. Das Schiff der Kirche erschien ihr als ein Wrack mit zerfetzten Segeln und zersplittertem Bug. Führerlos und steuerlos trieb es auf sie zu. Langsam schob es sich auf ihre Schultern. Unter der unerträglichen Last brach die Heilige zusammen.

Dreiunddreissig war Katharina von Siena, als sie wenige Wochen danach, am 29. April 1380, in Rom starb. Sie hat das Alter Jesu Christi erreicht.

22. Stück
War Jesus Immobilienmakler?

Worin wir uns über die
Heilige Inquisition empören

Gibt es etwas Traurigeres, meine Schwestern und Brüder, als wenn Christen sich streiten um Hab und Gut? Gibt es etwas Beschämenderes als den Hader in der Gemeinde, wenn einer reicher sein will als der andere?

Ja. Schlimmer noch, viel schlimmer wird der Streit, wenn ein Christ *ärmer* sein will als der andere. Wenn keiner mehr dem andern die Armut gönnen mag. Höret die Geschichte vom grossen »Armutsstreit«, der ein Jahrhundert lang die Christenheit so erschüttert hat, dass sich zum Schluss die Frömmsten gegenseitig qualvoll ums Leben brachten.

Schuld an allem war der heilige Franziskus. Wohl ist der Poverello hoch zu preisen für seine inbrünstige Liebe zur heiligen »Schwester Armut«. Für etwas anderes aber müssen wir Franziskus tadeln. Als er im Jahre 1209 eine begeisterte Schar gleichgesinnter Brüder um sich sammelte, unterliess er es, in der neuen Gemeinschaft für Ordnung zu sorgen. Statt sich den Kopf zu zerbrechen über so unerquickliche Fragen wie Organisation und Programm, verlor der heilige Franz seine Zeit mit schönen Visionen und Ekstasen.

Wie so ganz anders war da doch der heilige Dominikus. Zu gleicher Zeit wie der heilige Franziskus hat auch er einen Orden gegründet, sogar einen ganz ähnlichen. Doch war der heilige Dominikus klug genug, zu wissen, dass eine Ordensgründung nur gelingt, wenn der Stifter ganz klar, nüchtern und wirklichkeitsnah zu Werke geht. Zu keiner einzigen Vision hat er sich hinreissen lassen, der heilige Dominikus. Mit christlicher Nüchternheit hat er von morgens bis abends nichts als Arbeit zugewiesen, Ämter verteilt, Regeln aufgestellt. So ausgezeichnet organisiert war der Dominikanerorden beim Tode seines Stifters, dass er, frei von inneren Problemen, alsbald im Dienst der Päpste eine Fülle hoher Ämter übernehmen konnte, ja schliesslich sogar das höchste Amt nächst dem Stuhl Petri. Wir nennen es heute die Heilige Glaubenskongregation. Damals nannten wir es noch die Heilige Inquisition.

Während so die Söhne des heiligen Dominikus, dank guter Organisation, eine verantwortungsvolle Aufgabe nach der andern tüchtig übernahmen, boten zu gleicher Zeit die Söhne des heiligen Franz der Welt das beschämende Bild anarchistischer Verwirrung. Das Traurigste an dem Streit in Assisi war, dass er einem Wort Jesu Christi galt. Lukas 9. Kapitel, 3. Vers: In illo tempore sprach Jesus zu seinen Jüngern: »Nichts führet bei euch, weder Stab noch Tasche, weder Brot noch Geld.«

Wie ist das zu verstehen? Als wörtliche Anweisung, wortwörtlich gar? Oder nur symbolisch, im Sinne einer inneren, geistigen Einstellung, so wie der Herr selber es anzudeuten scheint, wenn er nicht »Selig die Armen« sagt, sondern – Matthäus 5. Kapitel, 3. Vers –: »Selig die Armen im Geiste«?

Der eigensinnige Bruder Gregor von Neapel, der hitzköpfige Bruder Matthäus von Narni, besonders der vorlaute Bruder Johann von der Kapelle – jeder unter den ersten Brüdern in Assisi wusste es besser als der andere, jeder hielt sich selber für den einzig wahren Armen. Den heiligen Franz selber fragen konnte man nicht, er war abgesegelt nach Ägypten, um dort den Sultan zu bekehren.

Als der Höllenstreit um die Armut in Assisi nicht einmal mehr am Nil zu überhören war, kehrte Franz überstürzt zurück, sah nun wohl ein, dass er etwas falsch gemacht hatte, und versuchte, dem heiligen Dominikus nacheifernd, seine Gemeinschaft endlich ernsthaft zu organisieren. Zu spät. Der Wurm war drin im Franziskanerorden, die beiden Regeln von 1219 und 1223 stifteten nur neue Verwirrung, und als der heilige Franziskus im Jahr 1226 starb, zerbrach seine Bruderschaft in zwei einander gnadenlos bekämpfende Fraktionen.

Auf der einen Seite die Realos, die nur arm sein wollten im Geiste, nicht in der Materie. Das war die »Fortschrittspartei« um Bruder Elias. Auf der anderen Seite die Fundis um Bruder Cäsarius von Speyer mit der beachtenswerten These, entweder sei ein Mönch arm in der Materie, oder er sei reich. Nicht zu vergessen der heilige Antonius von Padua, der zwischen den beiden streitenden Lagern zu vermitteln suchte und deshalb von beiden die schlimmsten Prügel bekam. Die einzigen, die gar nichts taten, sondern einfach kopfschüttelnd zusahen, waren die Dominikaner oder, wie sie nun immer häufiger genannt wurden, die Ehrwürdigen Väter von der Heiligen Inquisition.

Zuerst schienen die Realos um Bruder Elias zu siegen. Kein Wunder, hatten sie doch für sich die fürchtenswerte Macht des Geldes. Aus dem prallen Säckel von Bruder Elias ist zum Beispiel die wunderschöne Basilika von Assisi bezahlt worden. Dann aber, unter Bruder Johann von Parma, triumphierten die Fundis. Kein Wunder, hatten sie doch für sich die einzige Waffe, die noch fürchtenswerter ist als das Geld, nämlich die moralische Empörung. Und je länger der Streit ins Land ging, von Jahrzehnt zu Jahrzehnt, desto mehr vergassen beide Fraktionen, worum es eigentlich ging.

Ursprünglich hatte man sich noch um relativ sachliche Fragen gestritten, zum Beispiel ob Arbeiten der wahre Ausdruck der Armut sei oder Betteln, ob der Franziskanerorden Weinberge besitzen, ob er Vermächtnisse annehmen dürfe. Als aber das 14. Jahrhundert begann, wandte sich der Streit einem ungleich modischeren Thema zu: Spieglein, Spieglein an der Wand, wer ist der Ärmste im ganzen Land?

Woran kann man *sehen*, welcher unter den Brüdern der ärmste ist? Der heilige Franz hatte für seinen neuen Orden gar keine Mönchskutte gewollt. Ihm genügte das Alltagskleid der armen Leute in der Toskana, ein brauner Rock. Seinen Jüngern aber gelang es, diese Nicht-Kutte wiederum zur Kutte zu stilisieren, indem sie sie, nach Art der Benediktiner, bis zu den Knöcheln hinab verlängerten und mit einer spitzen, ehrfurchtgebietenden Kapuze versahen.

Jetzt plötzlich stellten die Fundis diese mühselig errungene Kleiderordnung im Franziskanerorden wieder in Frage. Die Armut eines Mönchs, behaupteten sie, sei daran zu erkennen, dass er seinen Rock kürzer trage als andere Mönche.

Midi statt Maxi. Diese neue religiöse Mode war gefährlich. Genügte es nämlich, seine Kutte beliebig zu kürzen, um andere Mönche an Armut zu übertrumpfen, so war nicht einzusehen, warum der Trend an den Waden, ja an den Knien haltmachen sollte.

Eine kleine, radikale Minderheit von Franziskanern, Fratizellen genannt, erkühnte sich zum Mini. Auf kirchenlateinisch gesagt: Die Mönchskutte wurde modisch gekürzt »usque ad nates – bis zu den Arschbacken«.

Bisher hatten die Dominikaner nur kopfschüttelnd zugesehen. Jetzt mussten sie, so leid es ihnen tat, eingreifen. Als erste Warnung für alle andern Wirrköpfe im Orden des hei-

ligen Franz verbrannten die Dominikaner 114 Mini-Franzis-
kanerchen auf den Scheiterhaufen der Heiligen Inquisition.

Laut regt sich jetzt im Franziskanerorden die schweigende
Mehrheit. War es nicht eine unerträgliche Schande, dass die
Dominikaner bei den Franziskanern Ordnung machen mussten? »Ordnung machen, das können wir selber!« 1316, auf
dem Generalkapitel in Neapel, wählte die schweigende Mehrheit der Franziskaner einen starken Mann als Ordensgeneral:
Michael von Cesena.

Bruder Michael machte Ordnung nach dem ältesten Rezept der Welt: Nach innen handelte er reaktionär, nach aussen
redete er progressiv. Während er also mit eiserner Faust im
ganzen Franziskanerorden die Maxi-Mode wiederherstellte,
ja eigenhändig in Marseille die letzten vier Mini-Franziskaner
den Dominikanern auf den Scheiterhaufen lieferte, spielte
Michael von Cesena nach aussen den begeisterten Fundi.

Anlass dazu bot ihm der »theoretische Armutsstreit«, der
in der Provence zwischen Franziskanern und Dominikanern
ausgebrochen war. Ein radikaler Franziskaner, Berengarius
von Perpignan, hatte dort die Gläubigen aufgewiegelt mit
der irren Behauptung, Jesus und die Apostel hätten »kein
Portemonnaie gehabt« (»non habuisse loculos«). Der Inquisitor von Narbonne, der Dominikaner Johannes von Belna,
stellte ganz nüchtern und sachlich richtig, dass der Heiland
sehr wohl ein Portemonnaie gehabt habe. Statt sich zu fügen,
machte der Franziskaner daraus einen Grundsatzstreit: Dass
Jesus Christus und die Apostel weder Geld noch Gut besas-
sen, sei »dogma sanum et catholicum – gesundes katholisches
Dogma«.

Dieser vermessene kleine Provinz-Franziskaner war noch
gar nicht verbrannt, da liess sich der Ordensgeneral hinreis-

sen zu einem Schritt von selbstmörderischer Verblendung. 1322, auf dem Generalkapitel der Franziskaner in Perugia, liess er das neue dogma sanum et catholicum einstimmig und feierlich vom ganzen Orden beschliessen.

Jetzt war der Papst herausgefordert. Selbst in der Schwäche seines Exils zu Avignon konnte Johannes XXII nicht zulassen, dass der Franziskanerorden an seiner Stelle Dogmen proklamierte.

Zuerst bestellte sich der Papst bei einem der berühmtesten Theologen des Dominikanerordens, bei Magister Herveus, ein theologisches Gutachten, in dem zweifelsfrei bewiesen wurde, dass Jesus Christus nicht nur ein Portemonnaie besass, sondern sogar in Immobiliengeschäften tätig war.

Heisst es nicht zum Beispiel bei Markus im 2. Kapitel, 1. Vers, dass Jesus, obwohl er selber in Nazareth wohnte, in Kapharnaum »in seinem Haus« aufgetaucht sei? Hausbesitzer Jesus. Plötzlich verstehen wir, warum der Heiland soviel unterwegs war. Wie jeder verantwortungsvolle Immobilienbesitzer musste Jesus Christus überall selbst nach dem Rechten sehen.

Gestützt auf diese gesicherte Erkenntnis, fällte Johannes XXII am 12. November 1323 in dem Sendschreiben »Cum inter nonnullos« die unfehlbare Entscheidung: »Anathema sit – Wer hartnäckig behauptet, Jesus Christus und die Apostel hätten weder Geld noch Gut besessen, der sei im Banne, und er sei verflucht.«

Zu dieser unfehlbaren Entscheidung ist der persönliche Auftritt Michaels von Cesena vor Papst Johannes XXII nur ein beschämendes Nachspiel. Fünf Jahre lang hatte der verstockte Franziskanergeneral sich geweigert, seinen Irrtum einzusehen. Auch am 9. April 1328, zu Füssen des päpstlichen Throns, zeigte er keine Reue. Im Gegenteil, er schrie dem Heiligen Vater ins Gesicht, von einem Papst, der 25 Millionen Golddukaten in die eigene Tasche gewirtschaftet habe, sei in Sachen Armut keine gerechte Entscheidung zu erwarten. Laut päpstlichem Protokoll verlor in diesem Augenblick leider auch der Heilige Vater selbst die Nerven: »Heu te temerarium, insanum, haereticum!«, schrie er den Franziskaner an. »Du unverschämter Spinner und Ketzer«, »eheu te serpentem in sinu Ecclesiae nutritum – du Schlange am Busen der Kirche!«

Liebe Christinnen und Christen! Brauche ich lange zu erzählen, wie dieser unselige Franziskaner auf der abschüssigen Bahn der Ketzerei in immer tiefere Schande fiel? Wie er feige aus Avignon floh, noch bevor die Ehrwürdigen Väter Dominikaner ihn an seinem Maxirock packen und ihn verbrennen konnten? Wie er nach Rom floh und dort einen gütigen, alten, weltfremden Ordensbruder, Petrus von Corbario, frevelhaft dazu überredete, sich zum Gegenpapst ausrufen zu lassen? Wie er später vor dem gerechten Zorn des wahren Papstes zum Kaiser floh? Wie er, der verblendete Armutsapostel, sich ganz zum Schluss in München noch, ob ihr's glaubt oder nicht, verstrickt hat in schmierige, schmutzige Geldgeschäfte?

Nein, wir wollen den ketzerischen Franziskaner nicht verurteilen. Aber wir wollen ihn vergessen. Allezeit ins Gedächtnis geschrieben sei uns dagegen das dogma sanum et catholicum, das die Ehrwürdigen Väter Dominikaner von der Heiligen Inquisition für uns erdacht haben und das Papst Johannes XXII aus Avignon unfehlbar verkündet hat: Besitz und Eigentum sind etwas Köstliches, und Geld im Portemonnaie zu haben ist ein Segen Gottes.

23. Stück
Calvin gegen Franziskus
Worin wir nicht länger der Frage ausweichen,
ob Gott die Armen wirklich liebt

Bevor ich nach Genf kam«, sagte auf seinem Totenbett der
Reformator Johannes Calvin, »bevor ich nach Genf kam, war
da so gut wie nichts«. »...il n'y avait quasi comme rien.« Das
ist, auch wenn es nicht so klingt, ein Understatement. Bevor
Calvin nach Genf kam, herrschte dort Chaos.

Nicht aus religiösem Eifer waren die Genfer protestantisch
geworden. Es ging ihnen darum, zwei Tyrannen loszuwerden:
ihren Bischof und den Herzog von Savoyen. Das konnten
sie nur im Bündnis mit der militärisch mächtigen eidgenössischen Stadt Bern. Leurs Excellences Messieurs de Berne,
den Gnädigen Herren von Bern zum Gefallen schworen die
Genfer dem Papst ab, aus Liebe zum Evangelium nicht.

Keineswegs aber hatten sie damit gerechnet, dass jetzt in ihrer kleinen, papstfreien Republik alle Spinner Frankreichs, Spaniens und Italiens zusammenströmen würden. Und alles Lumpenpack dazu. Die wenigen Prediger, die versuchten, in Genf so
etwas wie protestantische Moral und Ordnung durchzusetzen,
wurden bis in die Kirchen hinein verlacht und beschimpft. Unter den verstörten Genferinnen und Genfern aber nahm die
Einsicht zu, die katholische Kirche sei zwar schlimm gewesen,
aber lange nicht so schlimm wie das, was nachher kam. Schon
durfte der Bischof auf Rückkehr hoffen. Da ging im Juli 1536
jäh von Mund zu Mund die Kunde:»Jean Calvin est arrivé.«

Es war der reine Zufall. Johannes Calvin, mit 27 Jahren schon der führende Kopf der französischen Protestanten, hatte aus dem Exil in Basel seine katholische Familie in der Picardie besucht. Er sollte sein Vaterland nie wiedersehen. Schon die Rückreise nach Basel erwies sich als so gefährlich, dass er einen weiten Bogen nach Süden schlagen musste. So verschlug es ihn nach Lyon und von dort nach Genf. Unter einem Decknamen, wie in Frankreich, stieg er in Genf ab. Nicht länger als eine Nacht wollte er bleiben.

Doch er wird erkannt. Auf der Stelle eilt Guillaume Farel, von Berns Gnaden Prediger in Genf, in die Herberge. Er beschwört den anonymen Gast zu bleiben. Er, Calvin, sei der einzige, der die protestantische Sache in Genf retten könne.

Kein Wort kommt in Calvins Schriften so oft vor wie das Wort »Angst«. Völlig ungeeignet sei er für so etwas, hält er Farel entgegen. Bücher schreiben, das sei das einzige, was einer wie er könne, »un pauvre écolier timide«, »ein armer, schüchterner Gelehrter«. Als Schriftsteller in Basel wolle er sein Leben verbringen. Wie sein Vorbild Erasmus.

Draussen vor der Herberge randaliert, immer wilder, die verwahrloste Genfer Jugend. Drinnen packt Johannes Calvin seine Sachen. Nichts wie weg nach Basel! Da steigert sich Guillaume Farel in masslosen Zorn: »Wenn du nicht hierbleibst in Genf, werde ich dich verfluchen im Namen des Allmächtigen Gottes.«

Dies ist der Augenblick der Berufung. Der »pauvre écolier timide« tritt an als Reformator Genfs. Aus der verwahrlosten Stadt macht er einen musterhaften protestantischen Gottesstaat. Mit Null-Toleranz für Katholiken, Null-Toleranz für Freigeister, Null-Toleranz für die kleinsten Verbrecher. Sogar ein kleines Mädchen hat Calvin hinrichten lassen, allen

Kindern Genfs zur Warnung, nur weil das Mädchen durch die Stadt gerannt war und überall geschrien hatte: »Meine Mutter ist eine Hexe!«

Zu gleicher Zeit schenkt Calvin der Stadt Genf Gesetze, die sie zum Vorbild jeder modernen Demokratie machen. Genfs Handel, Genfs Fabriken entwickeln sich unter Jean Calvin zu einer new economy, aus der, nach dem gewichtigen Urteil Max Webers, die gesamte Wirtschaft des modernen Westens hervorgehen wird.

Ein protestantischer Ajatollah und ein Pionier der Moderne: Wie fügt sich das zusammen? Logisch fügt es sich nicht. Aber es fügt sich zusammen im Charakter Johannes Calvins.

Auch Luther war ein Fundamentalist. Er wollte zurück ins erste Christentum. Johannes Calvin will viel weiter zurück. Wenn er in seinen Predigten »die Heiligen« preist, dann meint er damit stets die Propheten des Alten Testaments. Sie sind seine Vorbilder.

In Frankreich bekannt geworden war er durch sein »Lehrbuch des Christentums« – »Institutio religionis christianae« – das er in Basel veröffentlicht hatte, ein Jahr vor seiner Ankunft in Genf. Stärker als der Inhalt hat das Vorwort die Franzosen bewegt. Unter dem Datum des 23. August 1535 widmet Calvin dieses protestantische Glaubensbuch ausgerechnet dem Verfolger der Protestanten, König Franz I von Frankreich. Ein 26jähriger Protestant spricht mit seinem König, wie der Prophet Jeremias mit den Königen Israels gesprochen hat: »Sire, wer nicht regiert, um Gott zu dienen, der ist kein König, sondern ein Brigant.«

Wohl bringt Calvin der Stadt Genf die Gesetze einer modernen Republik. Aber er tut es mit einer Autorität, als wäre er Moses, der den Juden die Zehn Gebote bringt. Und wenn er auf der Kanzel von Sankt Peter in Genf steht, verkündet er den gleichen uralten Gott wie Hiob. Das ist ein Gott, der segnet, der aber auch verflucht.

Die katholische Kirche hatte den »lieben Gott« gepredigt. Wohl gibt es das Böse. Aber Gott will es nicht, er »lässt es nur zu«. Wer Böses getan hat, kann jederzeit zurück zum lieben Gott. Durch die Beichte. Auch Luthers Töchter und Söhne haben einen lieben Gott. Jederzeit können sie zu ihm zurück. Durch die Reue. Daher vielleicht die besondere Neigung der Deutschen zur Reue.

Von derlei faulem Trost hält Johannes Calvin nichts. Sein Gott will das Gute. Doch Gott will auch das Böse. Sonst gäbe es das Böse nicht. Gott segnet, und Gott verflucht – »obscuro consilio, in unerforschlichem Beschluss«. Und manche von uns – »predestination eternelle« – verflucht er in alle Ewigkeit.

So steinalt ist das Gottesbild Calvins. Doch zugleich vertritt er das neueste Menschenbild seiner Zeit. Der Humanist Erasmus ist sein Vorbild. Nur das neueste wissenschaftliche Denken ist ihm gut genug für seine »Académie de Genève«. In den Schulen Genfs probt er, lange vor Jean-Jacques Rousseau, eine revolutionäre Pädagogik, die sich nicht mehr am Lehrer orientiert, sondern am Schüler.

Der alte Gott und der neue Mensch: Mitten im 16. Jahrhundert verkörpert Johannes Calvin in Person ein Gesetz, das erst die Psychologie des 20. Jahrhunderts entdecken wird. Es heisst »kognitive Dissonanz«.

Die meisten Menschen wollen Harmonie. Besonders in der Religion. Leicht muss alles zusammenpassen. Gelegentlich aber gibt es einen Menschen, der an Gegensätzlichem festhält. Der nicht alles eiligst harmonisiert. Solche Menschen leiden an jener hohen Lebensangst, an der Calvin zweifellos gelitten hat. Dafür sind sie in unvorhersehbarer Weise schöpferisch. Aus der Lebensangst von Jean Calvin geht, unvorhergesehen, eine neue Art des Wirtschaftens hervor. In den Genfer Handelshäusern und Fabriken beginnt der sagenhafte finanzielle Aufstieg der protestantischen Welt.

Das liegt daran, dass zur antiken Religiosität Calvins auch die antike Askese gehört, »askesis« heisst eigentlich Training. Askese ist die Kunst der Selbstbeherrschung. Ins katholische Christentum eingegangen ist die antike Askese als Mönchtum. Auch Calvin will die alte Askese. Als Protestant, als Republikaner aber will er sie neu. Protestantische Askese muss Askese für alle sein. Der richtige Ort dafür ist nicht das Kloster, sondern das Berufsleben. Seine Arbeit vorbildlich tun, sich selbst dabei unablässig verbessern, das ist kalvinistische Askese.

Im Kloster war die Glocke das wichtigste Mittel mönchischer Askese. Streng teilte sie den Tag ein in Arbeit und Gebet. In Genfs asketischer Industrie braucht jetzt jeder protestantische Leistungsmönch seine eigene Glocke. Die new economy braucht eine new technology. Calvins Stadt wird zum blühenden Zentrum der Uhrenindustrie.

Dabei läge es doch vom Denken her nahe, dass Calvins Prädestinationslehre die Protestanten gelähmt hätte. Wenn alles vorherbestimmt ist, warum dann einen Finger regen? Paradoxerweise war das Gegenteil der Fall. Calvins Bruch mit der christlichen Flennerei zum lieben Gott hat einen Qualitätssprung an Erwachsenheit bewirkt. An Männlichkeit. In Genf zuerst, in Amsterdam, in London dann, in Boston, in New York sind Calvinisten die kühnsten Unternehmer.

Im französischen, später im englischen Heer sind sie die kühnsten Soldaten. Bei Frankreichs katholischen Damen gelten sie als die kühnsten Liebhaber. Mit den Worten des kalvinistischen Poeten Conrad Ferdinand Meyer:

> *»In die Schule bin ich gangen*
> *Bei dem Meister Hans Calvin,*
> *Lehre hab ich dort empfangen:*
> *Vorbestimmt ist alles ewighin!*
> *Jeder volle Wurf im Würfelspiele,*
> *Jeder Diebestritt auf Liebchens Diele,*
> *Jeder Kuss – Schicksalsschluss!«*

Unerschrocken aufgeräumt hat Johannes Calvin mit der franziskanischen Armuts-Romantik. Gott liebt die Armen nicht. Würde er sie lieben, so wären sie nicht arm. Denn das Geld, lehrt Calvin, ist ein Segen Gottes. Geld, wird sein Nachfolger, Theodor von Beza, die Genfer lehren, Geld ist sogar das eigentliche Zeichen der Prädestination zum ewigen Heil. Die protestantischen Handelsherren unter der Kanzel von Saint-Pierre haben das auf der Stelle geglaubt. So wandelt sich die »protestantische Ethik« zum »Geist des Kapitalismus«.

Calvin selber lag die kapitalistische Vergötzung des Geldes fern. Wohl preist er das Geld als göttlichen Segen. Aber mehr noch verdammt er die Dummheit und den Hochmut der Reichen. Und hat er auch den Armen den faulen Trost erspart, dass Gott sie besonders liebe, so hat er doch, ganz praktisch, dafür gewirkt, dass die Armut in Genf verschwand. Unter allen christlichen Klassikern ist Johannes Calvin der einzige, in dessen Predigten sich so etwas findet wie eine handfeste Theologie des Geldes.

Theologie des Geldes? Ist es nicht das, was unsere geld-besessene, geldgläubige, geldgierige Zeit aufs Dringlichste braucht?

Und ich denke an die deutschen Protestanten. Alle halbe Jahre läuten sie ein neues Martin-Luther-Jahr ein – mit ei-nem Glockengedröhn, das jede katholische Heiligenvereh-rung übertrifft. Aber Calvin? Calvin, ohne dessen Zutun, nach Max Webers Urteil, das Luthertum auch in Deutschland untergegangen wäre? Als hätte er nicht gelebt, so vollständig blenden die deutschen Protestanten Johannes Calvin heute aus. Woran das liegen mag?

Als Katholik erlaube ich mir eine ökumenische Vermu-tung: Unsere evangelischen Schwestern und Brüder sind ge-nau so infantil geworden wie wir Katholiken. Statt die Wirk-lichkeit zu sehen, denken sie sich, so illusionär wie wir, den lieben Gott und die liebe Welt liebevoll zurecht.

So feig wie wir sind sie bedacht auf Anschluss und auf Anpassung, auf vorschnelle Harmonie mit jeder Correctness der Welt.

Johannes Calvin ist das Modell einer erwachsenen Religi-osität. Kalvinismus, liebe Töchter und Söhne Martin Luthers, wäre das Gegenteil von dem, was ihr zur Zeit treibt.

24. Stück
War Gott selbst die erste Gender-Theologin?

*Worin es uns erstmals gelingt,
den Heiligen Geist zu durchschauen*

Sich Gott Vater vorzustellen, fällt keinem schwer. Selbst wer nicht an ihn glaubt, hat doch von ihm ein Bild. Gott Vater ist das Urbild des bärtigen Patriarchen, des Mannes, der die Welt erschafft, und der sie väterlich beherrscht.

Und wie die erste Person Gottes, so die zweite: Auch wer an Jesus Christus nicht glaubt, weiss sich Gott Sohn doch vorzustellen. Kein Bild hat sich der Menschheit so eingeprägt wie das des Erlösers am Kreuz. Selbst in modernen Cartoons sind die beiden ersten Personen der Gottheit eingegangen: Gott Vater als »der Chef«, Gott Sohn als »der Junior-Chef«. Ob uns die beiden Bilder behagen oder nicht, eines sind sie: klar vorstellbar.

Gänzlich anders die dritte Person der Göttlichen Dreifaltigkeit, der Heilige Geist. Er ist die Liebe in Person. Doch seltsam, kein noch so gläubiger Christ ist imstande, sich die Liebe in Person als Person bildhaft vorzustellen. Kein Cartoonist hat es bislang versucht. Hat doch nicht einmal Tizians geniale Phantasie dazu ausgereicht. In seinem Bild der Dreifaltigkeit hat er Gott Vater und Gott Sohn dargestellt als zwei ehrfurchtgebietende männliche Gestalten. Und zwischen dem Vater und dem Sohn? Nichts zwischen ihnen als eine Taube. Kein Gesicht und keine Gestalt, nur ein Tiersymbol: ein Täubchen winzigklein.

Das ist es, was den Heiligen Geist von Gott Vater und Gott Sohn verblüffend unterscheidet: Er ist eine göttliche Person ohne Gestalt und ohne Gesicht. Warum?

Siehe, ich verrate euch ein grosses Geheimnis: Die dritte Person Gottes hat sehr wohl ein Gesicht. Doch dieses Gesicht ist verhüllt. Bis zur Unerkennbarkeit ist es verschleiert. Verschleiert in einer Weise, die nicht zufällig an das Schicksal der Frau im Islam erinnert. Die dritte Person der christlichen Dreifaltigkeit ist ursprünglich weiblichen Geschlechts. Durch alle Schleier der Dogmatik noch heute erkennbar, hat die Liebe in Person das menschliche Gesicht einer Frau.

Mag der Zeitpunkt unter Historikern strittig sein, die Tatsache selber ist es nicht: Etwa um das Jahr 800 vor Christus geschah am Himmel zwischen Babylon und Ägypten etwas Extraordinäres: Aus dem orientalischen Gewimmel von Göttinnen und Göttern setzte sich ein Gott einsam ab, mit einem gänzlich neuen Anspruch an Macht und Majestät: »Ich bin der Herr, dein Gott. Du sollst keine anderen Götter neben mir haben.«

Jahwe, der Gott Israels. Ein einzigartig neuer Gott und doch, zugleich, ein Gott mit unbewältigter Vergangenheit. Eben noch war Jahwe nicht mehr gewesen als ein ganz normaler orientalischer Gott unter vielen ganz normalen Göttern. An dieser Normalität im Vorleben Jahwes aber war eines ganz besonders normal gewesen: Wie alle Götter des Orients, wie die Götter der Griechen, der Germanen, so hatte Jahwe, selbstverständlich, eine Frau.

Eine Frau? Lilith, Lamia, Astarte – die Namen und Beinamen dieser alten Fruchtbarkeitsgöttinnen um den alten Kriegsgott Jahwe purzeln so legendär durcheinander wie alle Dinge zwischen Mann und Frau. Doch seine Lieblingsgemahlin scheint Astarte gewesen zu sein, eine mächtige Göttin der Fruchtbarkeit.

Jetzt verstiess er sie. Der Gott, der keine anderen Götter mehr neben sich vertrug, vertrug erst recht keine Göttin. Weibergeschichten waren mit Jahwes neuer, transzendentaler Würde unvereinbar. Zur Verwunderung aller benachbarten Heiden thronte im Himmel über Jerusalem mit einem Mal ein zölibatärer Gott. Und damit, von allem Anfang an eingebaut in die jüdisch-christliche Geschichte, ein unlösbares Problem.

Dies nämlich weiss jeder ganz gewöhnliche Mann aus der ganz gewöhnlichen Lebenserfahrung: Das weibliche Geschlecht loszuwerden ist schwer. Unter uns gesagt: Es ist unmöglich. Oder, wie es die Franzosen sagen: Wenn man die Frau zur Tür raus jagt, kommt sie durchs Fenster zurück.

Astarte, Jahwes verstossene Gemahlin, hatte ein Lieblingstier. Ihr Symbol war die Taube. In der Antike nämlich war die Taube nicht wie heute Symbol des Friedens, sondern, weil sie so auffällig schnäbelt und turtelt, Symbol weiblicher Erotik. So war sie auch, in Griechenland, das Lieblingstier Aphrodites. Bei allen orientalischen Liebesgöttinnen, ohne Ausnahme, ist sie die Liebesbotin. Wenn die Göttin sich in einen Gott verliebt, schickt sie zu ihm, als Botin, die Taube.

Durch die Tür verstossen, kommt Astarte durchs Fenster zu Jahwe, ihrem Gemahl, zurückgeflogen. Und zwar sofort, auf Seite 1 des Alten Testaments. »Und der Geist Gottes schwebet auf dem Wasser«, so übersetzt Martin Luther. Das ist eine doppelt hilflose Übersetzung. Der Geist – »ruah« – ist nämlich im Hebräischen weiblich, urweiblich, wahrscheinlich stammverwandt mit »rehamin«, mit der Gebärmutter. »Ruah« ist die schöpferische Urkraft aus dem Schoss der

Frau. Und da sie urweiblich ist, die Geistin, die mit Jahwe zusammen die Welt erschafft, so schwebt sie auch nicht reglos, wie Martin Luther glaubt. Das entsprechende hebräische Wort meint die Bewegung eines Vogels. »Flattern« wäre eine bessere Übersetzung als »schweben«. Der weibliche Schöpfungsgeist, der von Anbeginn bei Jahwe ist, wird deshalb in der rabbinischen Tradition selbstverständlich als Vogel dargestellt. Als Jahwes göttliche Taube.

Vom Anfang bis zum Schluss, insgesamt fast vierhundertmal, flattert die »ruah«, urweiblich, als Jahwes unabkömmliche Begleiterin, durch den scheinbar so zölibatären Himmel des Alten Testaments. Als Turteltaube im Hohenlied Salomos geht die getarnte Göttin schon wieder ganz ungeniert ihren ursprünglichen erotischen Absichten nach. Und je näher jener Augenblick rückt, den das Neue Testament umschreibt mit den Worten »Als die Zeit erfüllet war«, desto aufgeregter flattert die Taube. Sie will noch immer, was Astarte einst gewollt hat: Sie will Jahwe einen Sohn schenken.

Schon sind, in der Generation Jesu, etwa achtzig Prozent der Juden aus Palästina ausgewandert. Rund ums Mittelmeer huldigen sie weiter dem Gott Abrahams, nehmen aber zugleich, als Menschen ihrer Zeit, teil an einer neuen religiösen Welle. Das ist die »Gnosis«. Nichts beschäftigt so die gnostische Phantasie wie die »Ἅγια Σοφία«, die ewige Weisheit, der weibliche Urgrund der Welt. Das Symbol der »Ἅγια Σοφία« aber ist die alte Liebesbotin aller Liebesgöttinnen: die Taube.

Taube hier, Taube dort – nicht nur bei den grossen jüdischen Denkern der Zeit Jesu, etwa bei Philo von Alexandrien, auch im frommen Gemüt des jüdischen Volkes verschmelzen die beiden Tauben, die jüdische und die hellenistische, zu einer Himmelsmacht voll göttlicher Fruchtbarkeit. Zu einer staunenswerten Mutation der Religionsgeschichte: Gottes Geist, die himmlische Taube, kommt herabgeflogen in den Schoss einer reinen Jungfrau. Maria gebiert Jahwe einen göttlichen Sohn.

Die Lage ist jetzt, im christlichen Himmel, ungleich komplizierter als zuvor im jüdischen. Statt einer einzigen, von einem weiblichen Symbol umflatterten männlichen Gottesperson sind es jetzt drei. Rund ums Mittelmeer beginnt ein Hexensabbat von christlichen und gnostischen Sekten, die sich darüber streiten, was Jesus denn nun sei: der Sohn des Vaters oder die irdische Erscheinung der göttlichen Sophia. Bis im 4. Jahrhundert aus dem Chaos der Sektiererei eine neue Ordnungsmacht souverän aufsteigt. Das ist die katholische Kirche. Ihr wichtigstes Ordnungsinstrument ist, nicht zufällig, der Zölibat.

Am Himmel wie auf Erden. In einer einzigartigen denkerischen Anstrengung entwickeln die besten Köpfe der neuen Kirche, allen zuvor Augustinus, eine staunenswert neue männliche Himmelsordnung. Das ist, bestehend nicht mehr aus einer, sondern nunmehr aus drei männlichen Personen, die Allerheiligste Dreifaltigkeit: Vater, Sohn und Heiliger Geist.

Die schwache Stelle in diesem göttlichen Dreimänner-Dreieck ist, wir ahnen es, der Heilige Geist. Noch für die judenchristliche Urgemeinde in Jerusalem war der Geist, der sie zu Pfingsten erleuchtete, selbstverständlich weiblich: die ruah. Einer freilich war bei der Erleuchtung nicht dabei: der Apostel Paulus. Da er etwas gegen das weibliche Geschlecht hatte, wählte Paulus in seinen Briefen als griechische Übersetzung für *die* ruah nicht *die* Σοφία, sondern *das* Πνεῦμα. Die lateinischen Kirchenväter aber wählen für das neutrale griechische Pneuma ein extrem männliches lateinisches Wort: »*der* Spiritus«, »*der* Heilige Geist«.

Die göttliche Geschlechtsumwandlung ist perfekt. Aber nur als Dogma im zölibatären Gehirn. Nicht in der christlichen Seele. Dort bleibt der männlich rationalisierte Spiritus, hinter allen dogmatischen Schleiern, die alte weibliche Weisheit. Er bleibt, urweiblich, die Taube, die am Jordan auf Jesus herabstieg. Urweiblich ist er das Wasser der Taufe. Er ist die Salbe der Firmung. Er ist die Flamme pfingstlicher Begeisterung. Als »Tröstergeist« in allen Kirchenliedern bleibt er jene alte Gottheit, die aus Isaias sprach: »Ich will euch trösten, wie eine Mutter tröstet.«

Eine patriarchalisch verschleierte Göttin. Ein männlicher Geist, der, wie eine barocke Schleppe, lauter Symbole der Weiblichkeit hinter sich herzieht. Ist es ein Wunder, dass der göttliche Zwitter durch die Jahrhunderte die Phantasie all jener magisch fesseln wird, die das katholische Ordnungsgefüge zerstören wollen? Alle Ketzer haben sich, dem Papst zuleide, auf ihn berufen. Die deutschen Mystiker haben ihn, zum Schrecken der Inquisition, in der eigenen Seele erlebt, nicht als *den* Geist, sondern als »die ewig wysheit«. Zum Schrecken Kardinal Ratzingers entschleiert sich die uralte Göttin heute in der Losung der feministischen Theologie: »Ich bin, die ich bin.«

Am schlimmsten treibt es Leonardo Boff. Um sich bei seinem feministischen Anhang anzubiedern, verkündet der brasilianische Theologe einen radikalen Umbau der Allerheiligsten Dreifaltigkeit. Künftig ist, nach Leonardo Boff, der Heilige Geist wieder zu verehren als der weibliche Urgrund der Gottheit, als Gott Mutter, die sich jedoch, für uns hienieden, in Maria als Göttin »pneumatisiert«.

»Pneumatisiert«. Das Wort ist nicht umsonst so künstlich und so hässlich. Soweit sie nämlich die historische Schwäche der patriarchalischen Dreimänner-Dreifaltigkeit blosslegt, soweit ist die feministische Theologie ein Stück Aufklärung, ein Schritt heraus aus der »selbstverschuldeten Unmündigkeit«. Mit Leonardo Boffs pneumatisiertem Wortgedrechsel kippt sie aus der Aufklärung in die ideologische Kontraproduktion. Verloren geht dabei das eigentliche Prinzip gesunder Religiosität:

»Virtus in infirmitate« – in der Rede von Gott ist die Schwäche die Kraft. Die Schwäche unserer traditionellen Vorstellung vom Heiligen Geist, ihre historische Belastung, ihre Brüchigkeit, das eben ist ihre Stärke. Sie macht uns heute klar, dass alle Bilder von Gott Projektionen des Menschen sind, nicht zu verwechseln mit der Gottheit selbst. Doch es gibt ein besseres Wort als »Projektion«.

»Wir sehen jetzt«, sagt Paulus, »in einen Spiegel rätselhaft, dann aber werden wir sehen von Angesicht zu Angesicht«. Und es wird nicht mehr das alte Spiegelbild eines patriarchalischen Mannes sein, auch nicht das neue Spiegelbild einer selbstverwirklichten Frau, sondern, staunenswert neu und gänzlich anders, Gottes eigenes Gesicht.

25. Stück
»Und dann tue ich das Gegenteil!«

Worin uns der heilige Filippo Neri lehrt,
was christlicher Charakter ist

Schon zu Lebzeiten wurde der heilige Filippo Neri als Stadtpatron von Rom verehrt. Und eines Tages wurde er gefragt,
wie er es denn geschafft habe, ein so grosser Heiliger zu werden. »Das ist ganz einfach«, gab er zur Antwort, »gleich ein
paar Häuser weiter wohnt ein anderer grosser Heiliger, der
heilige Ignatius von Loyola. Jedesmal, wenn ich etwas zu tun
habe, frage ich mich zuerst: Was täte jetzt der heilige Ignatius
von Loyola? – Und dann tue ich das Gegenteil.«

Kaum einer kennt diesen Witz. Dennoch wird er vielen
bekannt vorkommen. Warum? Weil er zum klassischen Wanderwitz geworden ist. Fast alle haben einmal gehört, Papst
Johannes XXIII, ein Verehrer und Kenner des heiligen Filippo Neri, habe sich diesen Witz angeeignet, wenn er über
sein Verhältnis zu seinem Vorgänger, Pius XII, sprach. Und
es kann nicht mehr lange dauern, bis eben dieser Witz auch
Papst Franziskus als Bemerkung über seinen Vorgänger, Benedikt XVI, in den Mund gelegt wird.

Dass gerade dieser Witz zum klassischen Wanderwitz geworden ist, hat einen triftigen Grund. Kaum etwas vermittelt
so tiefe Einsichten in den menschlichen und religiösen Charakter der katholischen Kirche wie das Spannungsverhältnis
zwischen diesen beiden Heiligen, zwischen Filippo Neri und
Ignatius von Loyola. Das zu behaupten würde ich mich nicht

getrauen, wenn es nicht ein Grösserer vor mir getan hätte: der Historiker Hugo Rahner SJ, der grössere, jedenfalls der ältere Bruder des kleineren, jedenfalls jüngeren, wenn auch berühmteren Bruders Karl Rahner SJ.

Ignatius und Filippo, diese beiden Heiligen, die zu gleicher Zeit nebeneinander in Rom gelebt haben, seien, schreibt Hugo Rahner, »so gegensätzliche Naturen«, im menschlichen wie im religiösen Charakter so »himmelweit« voneinander entfernt, dass »ein Vergleich fast künstlich wirken mag«. Und doch sei kein Vergleich so exemplarisch wie dieser geeignet, den »weiten Raum« katholischer Vielfalt auszumessen.

Als Ignatius 1537 nach Rom kam, war er schon 37 Jahre alt und ein reifer Mann mit einer Geschichte. Filippo Neri dagegen war fünf Jahre früher schon nach Rom gekommen, jedoch als ein unbeschriebenes Blatt. 17jährig war er aus seiner Familie in Florenz ausgerissen nach Rom. Zu Fuss und ohne Geld. Vorher hat der heilige Teenager zu Hause in Florenz noch, vor den Augen seines entsetzten Vaters, eines Notars, den Familienstammbaum der Neri zerfetzt und ins Feuer geworfen.

Der Ausreisser aus Florenz wird Stadtstreicher in Rom. Es sind die letzten lebenslustigen Jahre im Rom der Renaissance. Schon ist in Deutschland die lutherische Empörung über das römische Sündenbabel losgebrochen. Schon sind 1527 die Landsknechte des Kaisers über die Ewige Stadt hergefallen als jenes »Schwert der göttlichen Rache«, das, daheim in Florenz, der Bussprediger Savonarola als Strafe für die die Dolce vita Papst Alexanders VI prophezeit hatte.

Nein, so ausgelassen wie zu Zeiten des Borgia ist die Stimmung in Rom längst nicht mehr, als der Teenager Filippo Neri sich dort herumtreibt. Aber gebrochen ist die Lust der Römer am heidnischen Sinnestaumel noch nicht. Im Jahr 1541 ist es immer noch möglich, dass Papst Paul III, bekannt als grosser Förderer des heiligen Ignatius, die betörendsten »Sängerinnen« von Rom einlädt zum grossen Maskenball im Vatikan. Was der päpstliche Hof vorlebt, das lebt die ganze Stadt ungeniert nach. Im überschwänglichen Festrausch feiert das römische Volk die Hochzeit zwischen Margaretha, einer unehelichen Tochter des Kaisers, und Ottavio, einem ebenso unehelichen Enkel des Papstes. Noch später, nach manchen strengen Reformen, gewinnt ein so zurückhaltender Beobachter wie der französische Philosoph Montaigne den Eindruck, dass in dieser Stadt »kaum einer ist, der von seiner Hände Arbeit lebt«.

Und alle leben auf der Strasse. In abenteuerlicher Weise wimmelt es in den römischen Gassen von jungen Männern, die unter keinerlei Leistungsdruck stehen. Und mitten unter diesem Lumpenpack der »Tagedieb Gottes«, der heilige Filippo Neri.

Ein Stadtstreicher aus Florenz mitten unter all den Stadtstreichern Roms? Ja und nein. Die andern römischen Gassenjungen nämlich sehen in ihm keineswegs einen der ihren. Sie nennen ihn vielmehr einen »eremita«. Das heisst, wörtlich übersetzt, einen »Einsiedler«. Der Begriff stammt aus der christlichen Antike. Tausende von Christen, die es nicht wahrhaben wollten, dass die Religion des Gekreuzigten Staatsreligion geworden war, haben sich nach der Konstantinischen Wende als Einsiedler in die Wüsten Ägyptens zurückgezogen. Viele italienische Malereien zeigen zum Beispiel den heiligen Einsiedler Antonius, wie er unter Palmen vor seiner Höhle sitzt und betet. Aber hat es nicht im Grunde etwas von einer Spitzweg-Idylle, als Einsiedler unter Palmen zu sitzen? So steht denn gegen die antike christliche Protestbewegung der Einsiedler schon bald eine neue christliche Protestbewegung auf: die Einsiedler ohne Einsiedelei. »Xeniteia« heisst ihre Losung: Niemals sesshaft werden, bewusst heimatlos sein, fremd sein als Inbegriff christlicher Existenz.

Ihre Lebensweise schildert der Grieche Palladios, ein Zeitgenosse, am Beispiel des heiligen Serapion. So lange hatte Serapion die Wüsten Ägyptens durchwandert, dass ihm die Wüste selbst allzu sehr zur Heimat wurde. Um ganz in der Xeniteia zu sein, bricht der Ägypter zuerst nach Griechenland auf, lebt eine Zeitlang als Bettler in Athen, schmuggelt sich dann als blinder Passagier auf ein Schiff nach Italien und beschliesst seine heimatlosen Tage als Stadtstreicher in Rom.

Mit dem heiligen Serapion beginnt die lange Tradition der »eremiti«, der heiligen römischen Stadtstreicher, Stadteinsiedler. Jetzt, im völlig verweltlichten Rom der Renaissance, sitzen wieder solche eremiti, ganz ungebildete fromme Männer aus dem Volk, auf den Strassen und Plätzen der Ewigen Stadt. In einer fundamentalistischen Reaktion gegen die Dekadenz der Kirche rufen sie die Strafe Gottes auf das päpstliche Sündenbabel herab.

Auch Filippo Neri gilt als eremita, weil auch er, ohne jeden kirchlichen Auftrag, auf den Strassen und Plätzen Roms betet, predigt und fromme Zustände hat. Was heisst fromme Zustände? Religiöse Zustände, die aber ganz körperlich sind. So körperlich, wie man sie heute noch bei den Sadhus in Indien beobachten kann. Zum Beispiel steht er, entrückt in die Ekstase, ganz steif und unbeweglich da. Die Strassenjungen lachen ihn dann aus, bewerfen ihn mit Äpfeln, zerren ihn an den Haaren. Er merkt es nicht. Doch wenn er wieder zu sich kommt, ist er keineswegs beleidigt. Im Gegenteil, er lacht mit über sich selbst. Dann gibt er zurück. Da er aber ein Florentiner ist und somit wesentlich geistreicher als die Römer, hat Filippo die Lacher im Nu auf seiner Seite.

Ein Heiliger, der nicht über die ganze Welt beleidigt ist – so sehr fesselt und ergötzt dieser ungewöhnliche junge eremita aus Florenz die Römer, dass die wenigsten merken, wie inzwischen ein anderer Heiliger in Rom eingetroffen ist.

Ein ganz anderer. Kein Spassvogel aus Florenz, sondern ein spanischer Offizier.

Ein Baske gar.

Sein ordenseigener Biograph, der Schweizer Jesuit Anton Huonder, beschreibt seine Kindheit so:»Iñigo kommt als Soldatenkind zur Welt, saugt den militärischen Geist mit der Muttermilch ein. Und statt süsser Kinderlieder tönen rauhe Kampfgesänge um seine Wiege.« Huonder fährt fort:»Ihm eignen hervorragende soldatische Eigenschaften. Feuriger Mut, eiserne Zähigkeit, unbeugsame Energie kennzeichnen seinen Geist. Er ist ein ›baskischer Hartschädel‹, der Mauern einrennen möchte.«»Soldat durch und durch,«schliesst Pater Huonder, ist Iñigo von früher Jugend auf.

Fügen wir hinzu, dass auch seine Laster die eines jungen Kriegers sind. Im Alter von 24 Jahren kommt Iñigo vor Gericht wegen»delicta varia et diversa ac enormia«, alle begangen in stockdunkler Nacht.

Jetzt aber greift die Vorsehung ein: So heldenhaft der Offizier Iñigo de Loyola die belagerte Feste Pamplona verteidigt, eine feindliche Kugel kommt geflogen, zertrümmert sein Schienbein und macht seinem Traum von einer spanischen Feldherrenkarriere ein Ende.»Christus«, schreibt der Jesuit Huonder, erscheint ihm jetzt»als Heerführer, als König«. Eine Lebensbeichte legt Iñigo ab,»eine ehrliche, aufrichtige Soldatenbeicht – sie dauert drei Tage.«

Wichtiger noch als die dreitägige Beichte sind die vierzig-tägigen »Exerzitien«, die Iñigo jetzt entwirft. Ein durch und durch soldatisches Durchexerzieren der christlichen Seele ist das. Durch diese Exerzitien, schreibt Hugo Rahner, »hat er seine ersten Gefährten gewonnen, und alle, die ihm zuströmten, mussten durch diese Schule gehen.« Selbst die kleinsten Regungen der Seele werden von Ignatius militärisch streng kontrolliert, koordiniert und diszipliniert:»Hier, christliche Seele, lass einen Seufzer fahren!« Oder, wie es Jesuitenpater Anton Huonder formuliert:»Diese Exerzitien sind ein Exerzierreglement des Geistes, eine dreissigtägige, planmässige Waffenübung. Die Losung heisst Stich und Hieb! Attacke! Vorwärts!«

Eine kleine, durch solches Exerzieren der Seele geläuterte Schar von geistlichen Waffenbrüdern sammelt er um sich beim nachgeholten Studium in Paris. Mit ihnen kommt er in Rom an.»Soldatisch«, schreibt Pater Huonder,»ist der Fahnenschwur an den Papst, auf jeden Wink überall hin ohne Löhnung zur Eroberung auszuziehen.«

Wenn so einer im Rom der Renaissance ankommt, erkennen alle sofort, dass das ein Spanier ist, aber nicht unbedingt, dass das ein Heiliger sei. Der erste, der das erkannt hat, soll ausgerechnet der heilige Filippo Neri gewesen sein. Frühe jesuitische Hagiographien beschreiben, frühe Stiche zeigen, wie der heilige Filippo mitten auf der Strasse vor dem heiligen Ignatius niederkniet und, verzückt aufschauend, als erster den Heiligenschein um den Kopf des Spaniers erkennt.

Zu vermuten ist, dass Ignatius in seinem spanischen Ernst einen Witz des Florentiners Filippo Neri allzu ernst genommen hat. Zu dem Spassvogel Filippo passt es ja bestens, dass er vor einem Ernstmacher wie Ignatius niederkniet, zu ihm aufsieht und sagt: »Bist du aber ein grosser Heiliger! Ich sehe schon den Heiligenschein um dein heiliges Haupt!«

Dass der heilige Filippo Neri als erster den Heiligenschein um das Haupt des heiligen Ignatius erblickt habe, ist auf jeden Fall ein von den ersten jesuitischen Hagiographen ausgeheckter Schwindel. Den Heiligenschein des heiligen Ignatius hat jemand ganz anderer zuerst erkannt:

Isabella de Rosella!

Hugo Rahner, der grosse Bruder von Karl Rahner, bezeichnet die Begegnung mit dieser Frau als »dramatischen Höhepunkt« im Leben des heiligen Ignatius. So wie Hugo Rahner sie erzählt, gleicht die dramatische Begegnung von Ignatius und Isabella in auffallender Weise der ebenso dramatischen Begegnung seines Bruders Karl Rahner mit Luise Rinser.

1523 war der 32jährige Ignatius nach Barcelona gekommen. In der Kirche San Yusto y Pastor sah sie ihn zum ersten Mal. Isabella de Rosella, eine Dame der höchsten katalanischen Gesellschaft. »Ich schaute ihn«, schreibt sie selbst, »mehrfach an. Es schien mir, als sei um sein Angesicht ein Glanz, und ich hörte in meinem Herzen, wie eine Stimme mir sagte: Ruf ihn! Ruf ihn! Und obwohl ich dies zunächst nicht wahrhaben wollte, ging ich tiefbewegt aus der Kirche hinaus.«

Nicht Filippo Neri, sondern Isabella de Rosella hat als erste den Heiligenschein um das Haupt des heiligen Ignatius erblickt. Ihren Gatten, der gar nichts gesehen hatte – er war blind –, überredete sie danach, den Basken mit dem Heiligenschein nach Hause einzuladen. »Er ass mit uns und hielt uns dann eine geistliche Rede, die uns tief beeindruckte.« So tief jedenfalls, dass Doña Isabella sich berufen fühlt, einen Kreis von frommen Damen in Barcelona zu gründen, die es als ihre Lebensaufgabe betrachten werden, den heiligen Ignatius zu finanzieren. So finanziert sie sein Studium in Paris und später in Bologna, die ersten sieben Jesuiten in Paris finanziert sie. Ab 1537 finanziert sie Ignatius während seiner ersten Zeit in Rom.

Rechtzeitig hat ihr blinder Ehemann das Zeitliche gesegnet. Nun packt sie in Barcelona ein ganzes Schiff voll mit Kisten und Schachteln. Mit zwei Freundinnen und 1800 Dukaten segelt Doña Isabella nach Rom, um sich dem heiligen Ignatius zu unterstellen als, wie sie ihm brieflich ankündigt, seine »allergeringste und unnütze Dienerin«. Das heisst auf deutsch: »Ich will die erste Jesuitin werden, ob du willst oder nicht.«

Als er diesen Brief las, war der heilige Ignatius entsetzt. Auf der Stelle schrieb er zurück, sie möge prüfen, ob es »der gute oder der böse Geist« sei, der sie zu solchen Plänen treibe. Noch gab er sich der Hoffnung hin, dass die Göttliche Vorsehung eingreife. Konnte ihr Schiff nicht unterwegs untergehen? Doch es ging nicht unter. Leibhaftig trat sie in Rom vor ihn. Im Heiligsprechungsprozess wird eine Augenzeugin die Begegnung so schildern: »Unser Vater Ignatius griff sich mit den Händen an den Kopf und sagte: Gott behüte mich, Rosella, du bist hier. Wer hat dich hieher geführt?«

So wie Karl Rahner versucht hat, Luise Rinser brieflich loszuwerden, mit allen nur denkbaren Finten frommer Stilistik, versucht der heilige Ignatius, sich Doña Rosella zu entwinden. Obwohl die beiden in Rom ganz nahe beieinander sind, schreibt er ihr vier Jahre lang einen Brief nach dem andern. Es hilft ihm nichts. Als sie endlich merkt, dass er einfach nicht will, läuft Rosella direkt zu Papst Paul III. Das ist der mit den Maskenbällen und mit den Sängerinnen im Vatikan. Jedenfalls ist das auch ein Mann, der einer Frau nicht nein sagen kann. Feierlich erteilt Papst Paul III dem heiligen Ignatius den Befehl, Isabella de Rosella und zwei ihrer Freundinnen in den Jesuitenorden aufzunehmen. Am Weihnachtsfest 1545, sozusagen unterm Christbaum, legen die drei Frauen vor Ignatius als – wörtlich so – dem »Stellvertreter Gottes« ihr Gelübde ab.

Eine Weile bemüht sich Ignatius, für die – Originalton Hugo Rahner – »nervöse, um nicht zu sagen hyterische Frau« in Rom eine angemessene Beschäftigung zu finden. So betraut er sie mit der Leitung des Marthahauses. Das ist nicht etwa jenes vatikanische Hotel, in dem jetzt der Papst logiert, sondern ein Heim der Busse für gefallene Jungfrauen. Doch noch immer hat sie viel zu viel Zeit für Ignatius. Diese Frau allein, seufzt der Heilige, mache ihm »mehr Ärger als mein gesamter Orden«.

Von Anfang an hatte er keine Jesuitinnen gewollt. Bei den Dominikanern, die ja inzwischen zehn mal mehr Nonnen hatten als Mönche, hatte er gemerkt, welche Belastungen ein weiblicher Zweig für einen Männerorden bringt. Trotzdem hat dieser spanische Soldat, dieser baskische Macho nicht den Mut, seiner ersten, ungewollte Jesuitin ganz einfach ins Gesicht nein zu sagen. Wir kennen das alle aus dem Alltag: Gerade der Macho wird, wenn er es mit einer dominanten Frau zu tun hat, zum Waschlappen. Krank wird der heilige Ignatius. Sofort drängt sie sich als seine Pflegerin an sein Krankenbett. »Sie hielt uns alle beständig in Atem«, schreibt Pater Nadal, einer der engsten Vertrauten von Ignatius.

Was tun? In seiner männlichen Hilflosigkeit läuft nun auch Ignatius zu Papst Paul III. In einem Gespräch von Mann zu Mann findet er beim Heiligen Vater, wie Hugo Rahner wörtlich festhält, »volles Verständnis«.

1547, nach vier Jahren Ärger mit Isabella, gewährt jetzt Papst Paul III dem entkräfteten Heiligen seinen väterlichen

Schutz durch ein päpstliches »Privileg«, niemals Frauen in seinen Orden aufnehmen zu müssen.

Wie reagiert Isabella de Rosella? Sie reagiert so, wie verschmähte Frauen meistens reagieren: »Der soll zahlen!« Die erste Jesuitin macht dem heiligen Ignatius öffentlich in Rom den Prozess. Das ganze Geld, das sie ihm im Lauf der Jahre in die Tasche gesteckt hat, will sie zurückhaben. Ihr Neffe, der sie vor Gericht vertritt, fasst ihre Argumente lapidar so zusammen: »Ignatius wollte meiner Tante ihr ganzes Vermögen stehlen, er ist ein Heuchler und ein Räuber.«

Da ist Isabella aber an den Falschen geraten. Im Prozessieren sind die Jesuiten, ist schon der heilige Ignatius ungewöhnlich gut gewesen. Der »dramatische Höhepunkt« im Leben des heiligen Ignatius endet damit, dass Doña Rosella alle Anschuldigungen zurückziehen und sich bei Ignatius demütigst entschuldigen muss.

Wer jetzt im Leben des heiligen Filippo Neri einen ähnlich »dramatischen Höhepunkt« vermuten, muss mit einer Enttäuschung rechnen. Wohl hat es Gönnerinnen aus den hohen Familien Roms gegeben, die Filippo zeitweise betreuten und unterstützten. Und es gab in seinem Freundeskreis allerhand Frauen, zum Beispiel die Ehefrauen der Musiker, die – wir werden es noch sehen – sich um ihn sammelten. Aber so eine jahrelange, schier unlösbare, klettenartige Zweierbeziehung wie zwischen Ignatius und Isabella – und wie zwischen Karl Rahner und Luise Rinser – findet sich auf Filippos Lebensweg nicht. Zu keinem Zeitpunkt. Warum nicht?

Ein »äusserst infames Gerücht« sei umgelaufen in Rom, schreibt Louis Ponnelle, der beste Biograph des heiligen Filippo Neri. Auffällig viele schöne Jünglinge, so das infame Gerücht, gehörten zum Freundeskreis des Heiligen, zum Beispiel zwei höchst charmante junge Goldschmiede, Sebastiano und Francesco mit Namen. Filippo selber soll eine ungewöhnlich schöne Stimme gehabt haben sowie ungewöhnlich schöne blaue Augen. Und wenn er Sünder bekehren wollte, dann, so das infame Gerücht, habe er Sodomiten lieber bekehrt als Prostituierte. Erst im ganz hohen Alter, als er schon auf die achtzig zuging, sei Filippo im Umgang mit Frauen charmant geworden.

Was ist davon zu halten? In der Renaissance, schreibt der italienische Historiker Pasquale Villari, wurde in sexuellen Dingen unvergleichlich skandalöser geredet als gehandelt. 95% eines solchen Gerüchts, so die historische Faustregel, sind augenzwinkernde Erfindung: »Se non è vero, è ben trovato«. Auch war Filippo im Dominikanerkloster San Marco in Florenz zur Schule gegangen, einem Hort des moralischen Rigorismus. In seinem Zimmer am Campo de'Fiori hing später ein Bild Savonarolas, auf das Filippo selber einen Heiligenschein dazugemalt hatte. Ein Jünger Savonarolas in der Schwulität? Kaum denkbar. Die unbekümmerte Fröhlichkeit, die Filippo Neri kennzeichnete, wäre jedenfalls schweren Gewissensqualen gewichen.

In dubio pro sancto, wie wir in katholischen Zeiten sagten. Oder, wie wir heute sagen, »Wer bin ich, um über ihn zu richten?«

Die erste Ex-Jesuitin, Doña Isabella de Rosella, ist inzwischen nach Barcelona heimgesegelt. Das heisst: der heilige Ignatius kann seine ganze soldatische Energie für die Organisation seiner Compañia, seines reinen Männerordens einsetzen. Siege erringen aber kann eine Compañia nur, wenn alle gelernt haben, dem Chef bedingungslos zu gehorchen.

»Wenn Hochwürden Ignatius einen Befehl erteilt«, schreibt wohlgemerkt Ignatius selbst, »so hat jeder sofort zu folgen, als ob er die Stimme des Herrn vernähme, der im Namen seiner göttlichen Majestät befiehlt. Ein jeder muss in diesem Fall so blind und schnell gehorchen, dass er, falls er am Beten ist, das Gebet sofort abbricht, falls am Schreiben, bei der Stimme des Chefs, das heisst: bei der Stimme Gottes, den angefangenen Buchstaben, zum Beispiel a oder b unvollendet lässt.«

Ignatius von Loyola, berichtet sein früher Gefährte, Pater Bobadilla, war von Anfang an der »padrone assoluto«, der »absolute Chef«. Er war, übersetzt Pater Huonder das in die Sprache des 20. Jahrhunderts, »der Generalissimus«.

Selbstzweck ist ihm Gehorsam aber nicht. Er ist ein Mittel zur militärischen Schlagfertigkeit der Compañía. Alles, was die alten Orden unbeweglich gemacht hat, das ganze Klosterleben samt dem feierlichen Chorgebet und der Mönchskutte, schafft er ab und ersetzt die alte klösterliche »stabilitas loci«, das beschauliche Verweilen an ein und demselben Ort, durch globale Mobilität. Zu den drei klassischen Gelübden – Gehorsam, Keuschheit, Armut – hinzu erfindet er ein neues, ein viertes Gelübde, mit dem jeder Jesuit sich verpflichtet, jederzeit an jedem beliebigen Ort des Globus einsatzbereit zu sein für den Papst.

Was tut derweil der heilige Filippo Neri? Er ist voll damit beschäftigt, sich über den Vatikan lustigzumachen. Statt einer Compañía sammelt er um sich ein religiöses Strassenkabarett. Das sind die berühmten »Kleiderwitze« des heiligen Filippo. Er selber kostümiert sich jeweils als einer der Kardinäle, die Schleppe tragen ihm seine Freunde, die Strassenjungen Roms, hinterher. So zieht die kabarettistische Truppe johlend rings um den Vatikan. Und es ist mit den Kardinälen im Rom der Renaissance wie zu Kaiser Wilhelms Zeiten mit den Verbindungs-Studenten: Stets waren sie die ersten, die zum Kiosk liefen, um sich im Simplicissimus an den neuesten Karikaturen über sich selbst zu ergötzen. So waren auch damals die meisten Kardinäle stolz, wenn der heilige Philipp gerade sie nachäffte.

Aber nicht alle reagierten so. Es gab auch Kleriker, die zur Heiligen Inquisition gelaufen kamen und baten, den heiligen Filippo Neri zu verbrennen. Vom strengsten aller Grossinquisitoren, von Michele Ghislieri, ist die Antwort überliefert: »Was wollen Sie, ich kann eher den Papst verbrennen als Filippo Neri. Der ist ja so beliebt in ganz Rom.«

Es kommen die Jahre, in denen selbst den römischen Gassenjungen das Lachen über die Frömmigkeit vergeht. Aus lauter Angst vor Martin Luther – und vor Ignatius von Loyola – erlässt Papst Paul III ein Reformdekret nach dem andern. Wenn Ordnung gemacht wird, fängt das immer ganz unten an, in der Kirche wie im Staat. Ganz unten in der katholischen Kirche sind die eremiti, die selbsternannten Strassenheiligen in Rom. Einer nach dem andern werden sie am Wickel gepackt und in Klöster gesperrt. Filippo Neri freilich ist inzwischen, wie wir wissen, schon viel beliebter als der Papst selbst. Einfach wegsperren kann man den Stadtheiligen von Rom nicht. Doch erhält Filippo vom Vatikan die zweifache Auflage, sich zum Priester weihen zu lassen und einen festen Wohnsitz nachzuweisen. Er zieht in eine Dachkammer neben der Kirche San Girolamo della Carità.

Binnen kurzem macht diese winzige Gammlerbude dem Petersdom Konkurrenz. Sie wird zum eigentlichen religiösen Mittelpunkt von Rom. Acht Leute haben darin Platz sowie Filippos Katze. Er selbst sitzt gewöhnlich auf dem Bett, lässt die Füsse herunterbaumeln und liest etwas Frommes vor. Dann steht irgendeiner auf, – niemals ein Priester, stets ein Laie, oft sogar ein Kind – und predigt spontan über das Gehörte. Nichts ist auf lateinisch, alles auf italienisch. Dazwischen erklingen die Laude, die süssen Melodien der alten italienischen Volksfrömmigkeit. »Oratorio«, Raum des Gebets, nennt Filippo seine Dachbude ebenso wie die zwanglosen Gottesdienste, die dort stattfinden.

Draussen stehen die Leute auf der Treppe bis zur Strasse hinunter. Filippo muss umziehen in das geräumigere Dachgeschoss der Kirche San Girolamo. Jetzt sind es nicht nur die Frommen aus dem Volk, es sind auch die besten jungen Musiker Roms, die sich drängen, um am Oratorium des heiligen Filippo spontan mitzuwirken, mit Gesang und Saitenspiel, eingeschoben zwischen die Lesungen und Predigten. Der beste von all diesen Musikern um Filippo Neri heisst Giovanni Pierluigi da Palestrina.

Dank Palestrina geht aus den improvisierten Dachbudengottesdiensten des heiligen Filippo eine der grossen Kunstformen der sakralen Musik hervor: das »Oratorium«. Was sich in der Johannes-Passion von Bach, im Messias von Händel, und in Haydns Schöpfung monumental darstellt, hat seinen bescheidenen Ursprung in der winzigen Dachkammer eines Heiligen am Campo de' Fiori in Rom.

Ist es jetzt noch nötig, ausdrücklich darauf hinzuweisen, dass der heilige Ignatius gegen Musik im Gottesdienst war? Schon in der Urfassung des Ordensgesetzes der Jesuiten, berichtet Hugo Rahner, hat Ignatius Musik verboten.

Etwas ganz anderes ist Ignatius wichtig für die Gottesdienste der Jesuiten: Predigten mit höchstem akademischem Niveau. In der römischen Kirche der Jesuiten, in Il Gesù, wurde nicht selten auf lateinisch, ja sogar, wie Jesuitenpater Anton Huonder, stolz betont, auf altgriechisch gepredigt.

Gerade weil er selber im fortgeschrittenen Alter erst das Studium nachholen musste, legte Ignatius grössten Wert auf überlegene Bildung aller künftigen Jesuiten. »Dabei wollte er die Wissenschaft nicht als Selbstzweck, sondern stets nur als Waffe für die praktischen Ziele seines Ordens betrachtet wissen«, fügt Anton Huonder SJ hinzu. Solche praktischen Ziele waren die Tätigkeit als Seelsorger der katholischen Fürsten und Könige und die Eroberung der besten Lehrstühle an den besten Universitäten der Christenheit.

Konkurrenz vom heiligen Filippo Neri hatte der heilige Ignatius bei seiner Bildungshuberei nicht zu befürchten. Wörtlich bekannte der gelernte Strassenjunge Filippo: »Ich habe nie viel studiert und ich habe nicht viel lernen können.«

Das Wort »Orden« kommt von »ordo« und heisst »Ordnung«. Filippo Neri war ein viel zu unordentlicher Mensch, als dass er je einen Orden hätte gründen wollen. Verhindern aber konnte er nicht, dass sich um ihn ein engerer Kreis von Menschen scharte, die so leben wollten wie er. Auch diese Gemeinschaft nennt sich Oratorio. Ohne drei und schon gar ohne vier Gelübde, ohne Ordensregel, sogar ohne gemeinsame Mahlzeiten versuchen sie, so zu leben wie der heilige Filippo: »vivere suo arbitrio« ist ihre Devise, »nach eigener Façon selig werden«. Bald sind es so viele, dass ein Umzug nötig wird. Bei jener römischen Kirche, die heute noch Chiesa Nuova – Neue Kirche – heisst, bauen sie sich ein neues grösseres Haus. Doch dann die peinliche Enttäuschung: der heilige Filippo Neri weigert sich, seinen Jüngern nachzuziehen. Er bleibt in seiner Dachbude am Campo de' Fiori. Sogar als der Papst selbst ihm befiehlt, umzuziehen zu seinen Jüngern an die Chiesa Nuova, verweigert Filippo Neri über mehrere Jahre hinweg den Gehorsam mit dem Argument, er habe eine Katze. Und seine Katze – wie alle Katzen – wolle nicht umziehen.

Während der heilige Filippo Neri seine Katze füttert, organisiert der heilige Ignatius seinen Orden zu einer globalen Eingreiftruppe. Alles ist bei ihm »weltumspannend«. Dabei ist Ignatius Stratege genug, um zu erkennen, dass moderne Eroberungen nur mit modernen Mitteln gelingen. Das modernste Mittel aber ist die Kommunikation. Allein das Verzeichnis der Briefe, die Generalissimus Ignatius seinem Sekretär Polanco in neun Jahren diktiert hat, also nicht die Briefe, sondern nur ihre Auflistung, umfasst 1.597 Seiten. Wie in einem elektronischen Netzwerk der Kommunikation laufen so alle Informationen, Kontrollen und Entscheidungen des neuen Ordens beim »absoluten Chef« in Rom zusammen. Er sei seine »Hand«, hat Ignatius über seinen Sekretär Polanco gesagt. Etwas moderner gesagt: Pater Polanco war das Handy des heiligen Ignatius.

Filippo Neri plant derweil höchstens Ausflüge in die Weinberge um Rom. Hunderte, zeitweise Tausende von Römern wandern mit ihm hinaus zu diesen sommerlichen Picknicks. Denn da wird nicht nur gesungen, gebetet und musiziert. Eine Kolonne von Maultieren ist auch dabei, mit Chianti beladen, mit Salami und mit süssem Gebäck. Nichts ist bei ihm weltumspannend. Nur was er selber schmecken, riechen und berühren kann, das interessiert den heiligen Filippo Neri. Sonst nichts.

Der heilige Ignatius von Loyola ist zu seinen engsten Mitarbeitern unerträglich. In neun Jahren, beklagt sich sein Sekretär Polanco, habe er »kaum ein gutes Wort gehört«. Das berichtet kein geringerer als Hugo Rahner. Und er verschweigt nicht, dass Pater Nadal, einer der engsten Mitarbeiter des heiligen Ignatius, oft geweint habe, so streng sei er von Ignatius angefahren worden. Pater Lainez gar klagte: »Was habe ich getan, dass dieser Heilige mich so behandelt?« Filippo Neri dagegen herzt und küsst jeden, der ihm in die Arme kommt. Gelegentlich sogar den heiligen Ignatius. Und jeder möchte von Filippo geherzt und geküsst werden. In Rom hat es sich nämlich herumgesprochen, den heiligen Filippo Neri zu berühren, sei gut gegen Rheumatismus.

Im Jahr 1595 erkrankt Papst Clemens VIII schwer an der Gicht. Filippo wird deshalb in den Vatikan gerufen. Stundenlang streichelt er die Hand des Papstes. Als das nichts nützt, steigt der 80jährige Filippo Neri kurzerhand zum Papst ins Bett und legt sich, ohne jeden Respekt, dem Heiligen Vater auf die Brust. Die Kardinäle sind aufs äusserste befremdet. Papst Clemens VIII aber ist von Stund an wunderbar geheilt.

Und da ist noch ein anderes, viel grösseres Wunder. Als Filippo Neri kurz nach der wunderbaren Heilung des Papstes selber, achtzigjährig, starb, ging das Gerücht um, er sei an drei verschiedenen Orten gleichzeitig gestorben. Seit vielen Jahren schon besass Filippo nämlich die Gnadengabe der Trilokation, die wunderbare Fähigkeit, an drei verschiedenen Orten gleichzeitig anwesend zu sein. So ist bis heute seine Totenmaske an drei verschiedenen Orten zu besichtigen: In Florenz, in Neapel und natürlich in Rom.

Schon zu seinen Lebzeiten hatten die Römerinnen und Römer den heiligen Filippo als ihren Stadtpatron verehrt. Überlaut ging jetzt durch die Heilige Stadt der Ruf des gläubigen Volkes:

Santo subito!

Santo subito? Wie gern hätte Clemens VIII dem Wunsch

des römischen Volkes stattgegeben und Filippo Neri, der ihn ja vom Rheuma wunderbar geheilt hatte, heiliggesprochen. Hätte er umso lieber getan, als er selber, wie Filippo, Florentiner war. Durfte er aber nicht. Der Jesuitenorden nämlich legte sein Veto ein. So mächtig aber waren die Jesuiten schon im Vatikan, dass kein Papst ihnen mehr zuwiderhandeln konnte. Warum aber erlaubten die Jesuiten die Heiligsprechung des heiligen Filippo Neri nicht? Ganz einfach: als Filippo 1599 starb, war Ignatius, der ältere, auch der kurzlebigere von beiden, schon 43 Jahre tot. Tot, aber längst noch nicht heiliggesprochen. Dass jetzt der viel beliebtere Filippo auf Druck des römischen Volkes subito heiliggesprochen würde, während Ignatius seit 43 Jahren schon der Ehre der Altäre harrte, empfanden die Jesuiten als tiefe Demütigung. Es durfte nicht sein.

So wie Papst Clemens VIII zögerte, so zögerte nach ihm Papst Leo XI, so zögerte nach Leo XI auch Paul V. Dass drei Päpste hintereinander so zögerten, den beliebtesten römischen Heiligen der Epoche heiligzusprechen, lag vielleicht nicht nur an ihrer Angst vor dem schier allmächtigen Jesuitenorden. Keiner dieser drei Päpste hat es wohl gewagt, eine klare Entscheidung über ein so fundamentales Problem der katholischen Kirche zu fällen.

Wenn Hugo Rahner schreibt, diese beiden Heiligen, Filippo und Ignatius, zeigten die enorme Spanne der menschlichen und religiösen Verschiedenheit in der katholischen Kirche, dann übersieht er, dass es nicht nur um diese beiden geht. Der Gegensatz ist viel älter. Er geht zurück bis in die antiken Ursprünge des Christentums. Filippo Neri war ein »eremita« wie jene Wüstenväter Ägyptens, die im 3. und 4. Jahrhundert schon, abseits der verstaatlichten Amtskirche, einem radikalen Individualismus huldigten und, wie Filippo, nichts sein wollten als »heilige Narren«. Der grösste war Antonius von Ägypten. Der machte auch schon Witze wie Filippo Neri: »Mir geht es in meiner Einsiedelei«, klagte Antonius, »wie einem ganz gewöhnlichen Familienvater in seiner Wohnung. Ich bin immer der letzte, der erfährt, was in meinen vier Wänden los ist.«

Während der heilige Antonius draussen in der Wüste Witze riss, machte der heilige Pachomius unten im Niltal heiligen Ernst. Pachomius, ein ehemaliger römischer Unteroffizier und somit ein Mann, der dem heiligen Ignatius zum Verwechseln glich, gründete die ersten Klöster der katholischen Kirche nach dem Muster römischer Kasernen: hohe Mauern im Geviert, dahinter strengste Regeln, die alles, selbst die »necessitas naturae«, das heisst: den Gang aufs Örtchen, militärisch präzis regelten. Und täglich neue Befehle des Oberkommandierenden, die zum Klang der Tuba, der römischen Militärtrompete, bekanntgegeben wurden.

Im Mittelalter setzt sich der gleiche Dualismus fort mit dem Nebeneinander des heiligen Dominikus und des heiligen Franziskus. Dominikus, der strenge, erfolgreiche spanische Organisator eines kampfkräftigen Ordens, der nicht zufällig geeignet war, Träger der Inquisition zu werden. Dagegen Franziskus, der heilige Poet und Chaot aus Umbrien, der Dichter des Sonnengesangs und Stifter eines Ordens, der nie richtig funktioniert hat.

Und jetzt, im 16. Jahrhundert? Jetzt Filippo Neri und Ignatius von Loyola. Welcher Papst wollte sich zwischen diesen beiden entscheiden? Nicht Clemens VIII, nicht Leo XI, nicht Paul V. Bis dann ein Papst kam, der genügend religiöse Intelligenz und katholischen Sinn besass, um einzusehen, dass jeder von uns am besten dadurch heilig wird, dass er alles anders macht als der nächstbeste Heilige. Um diese uralte katholische Weisheit zu bekräftigen, hat Papst Gregor XV am 12. März 1622, am selben Tag und zur selben Stunde, Filippo Neri und Ignatius von Loyola im Petersdom gemeinsam heiliggesprochen.

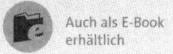